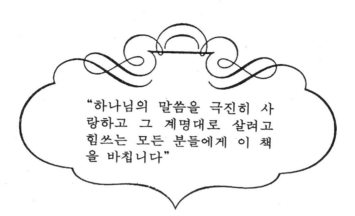

"하나님의 말씀을 극진히 사랑하고 그 계명대로 살려고 힘쓰는 모든 분들에게 이 책을 바칩니다"

추천사

　규장문화사에서 새로이 출판되는 평신도를 위한 조직신학을 성도들에게 추천합니다. 그동안 규장에서는 기도로 기획하고 기도로 제작한다는 수칙 그대로 독자가 원하고, 필요로 하는 좋은 책들을 만들어 기독교 문서선교에 임해주신 것을 고맙게 생각하고 있습니다.

　이미 정기화 강도사의 「52주완성 소요리문답」과 「52주완성 웨스트민스터 신앙고백」은 평신도들에게 좋은 평가를 받고 있으며 유익한 자료들이 된 것을 확신합니다. 알기 쉽고 간편하고 편리한 것이 그 장점이라 하겠습니다.

　이와 같은 좋은 자료들에 뒤이어 평신도들의 이해를 돕기 위해 이번에도 「평신도를 위한 조직신학」을 펴내게 되어 이 책 역시 독자들에게 알기쉽게 써서 종교의 계시, 성경의 영감, 하나님의 속성, 죄론, 기독론, 구원론, 교회론, 종말론 등을 조리있게 다루고 있습니다. 특히 박형룡 박사의 조직신학과 루이스 벌코프 조직신학을 간략하게 요약하여 간추리고 있습니다. 뿐만 아니라 칼빈의 기독교 강요도 참고하고 있습니다.

　아무쪼록 독자들이 이 책을 통하여 좀더 성경에 명시된 진리들을 바르게 조직적으로 이해하는데 큰 도움이 되었으면 합니다.

1989년 8월 20일

박 영 희
총신대학 학장

머리말

체계적인 신앙지식과 성경공부를 위해서는 무엇보다도 조직신학 공부가 제일이라고 생각합니다.

본서는 박형룡 박사의 조직신학에 철저히 준한 교재입니다.

그리고 벌코프의 조직신학과 칼빈의 기독교 강요나 기타 주요 관계서적들도 참고했음을 밝혀두고 싶습니다.

조직신학의 핵심 내용을 쉽고도 은혜롭게 그리고 간단하게 요약한 점이 본서의 특징입니다. 본 교재를 꾸준히 그리고 자세히 공부해 나간다면 성경이해나 신앙에 많은 도움이 있으리라고 여겨집니다.

본서의 추천서를 쾌히 써주신 총신대 학장 박영희 박사님께 깊은 감사를 드립니다.

끝으로 본서를 통하여 먼저 하나님께서 영광을 받으시오며 이 책을 통하여 모든 성도들에게 큰 유익이 되고 교회부흥에 이바지하게 되기를 기원합니다.

1989년 7월 20일

정 기 화

차 례

추천사　·　·　·　1
머리말　·　·　·　2

서 론 (序論)

제 1 과　종　　교　·　·　·　8
제 2 과　계　　시　·　·　·　11
제 3 과　성경의 영감　·　·　·　14
제 4 과　성경의 속성　·　·　·　17

신 론 (神論)

제 5 과　하나님의 존재-신지식, 본질, 명칭　·　·　·　22
제 6 과　하나님의 속성-절대적 성품　·　·　·　27
제 7 과　하나님의 속성-보편적 성품　·　·　·　31
제 8 과　삼위일체　·　·　·　35
제 9 과　하나님의 작정　·　·　·　39
제 10 과　하나님의 창조　·　·　·　43
제 11 과　하나님의 섭리　·　·　·　48

인죄론 (人罪論)

제 12 과　인간의 구조　·　·　·　54
제 13 과　하나님의 형상　·　·　·　57
제 14 과　행위언약　·　·　·　60
제 15 과　죄의 기원, 전가, 본질　·　·　·　64
제 16 과　죄의 구별, 내용, 형벌　·　·　·　68
제 17 과　은혜언약　·　·　·　72
제 18 과　구속언약　·　·　·　76

차 례

기독론(基督論)

제 19 과　그리스도의 명칭　· · ·　80
제 20 과　그리스도의 성품-신성과 인성　· · ·　84
제 21 과　그리스도의 신분-비하(卑下)　· · ·　87
제 22 과　그리스도의 신분-승귀(昇貴)　· · ·　91
제 23 과　그리스도의 선지직　· · ·　95
제 24 과　그리스도의 제사직　· · ·　98
제 25 과　그리스도의 왕직　· · ·　101
제 26 과　그리스도의 속죄　· · ·　105

구원론(救援論)

제 27 과　소　　명　· · ·　110
제 28 과　중　　생　· · ·　114
제 29 과　회　　심　· · ·　118
제 30 과　신　　앙　· · ·　122
제 31 과　칭　　의　· · ·　126
제 32 과　양　　자　· · ·　129
제 33 과　성　　화　· · ·　132
제 34 과　견　　인　· · ·　136
제 35 과　영　　화　· · ·　140

교회론(敎會論)

제 36 과　교회의 정의, 본질, 구별　· · ·　144
제 37 과　교회의 속성과 3대 표지　· · ·　148
제 38 과　교회의 정치　· · ·　152

차 례

제 39 과   교회의 권세   · · ·   156
제 40 과   교회의 임무   · · ·   160
제 41 과   은혜의 방편-하나님의 말씀   · · ·   164
제 42 과   성   례   · · ·   167
제 43 과   세   례   · · ·   171
제 44 과   성   찬   · · ·   174

내세론(來世論)

제 45 과   육체적 죽음   · · ·   178
제 46 과   영   생   · · ·   181
제 47 과   중간기 상태   · · ·   184
제 48 과   그리스도의 재림   · · ·   187
제 49 과   천년기(千年期)   · · ·   191
제 50 과   죽은 자의 부활   · · ·   194
제 51 과   최종 심판   · · ·   197
제 52 과   최후상태   · · ·   200

해답   · · ·   203

서 론(序論)

종 교
계 시
성경의 영감
성경의 속성

제 1 과
종 교

요절   전도서 12 : 13

인간이 영원한 것을 사모하거나 추구하는 것은 도대체 어떠한 이유에서인가? 그 이유는, 사람은 누구나 가장 깊은 마음 속에 종교의식을 지니고 있기 때문이다. 즉, 우리 심령 안에 하나님을 알만한 것이 있기에 그렇다(전 3 : 11, 롬 1 : 19-20).

1. 종교의 본질

종교는 하나님과 사람 사이에 맺어진 의식적이고도 자발적인 영적 관계이다. 그 관계는 하나님의 자기계시에 의하여 이루어지고 예배나 친교 또는 봉사의 생활로 표현된다.

종교란 말은 라틴어 '렐리기오'로부터 유래되었는데 그 뜻은 '다시 결합한다' 또는 '삼가 경의를 표한다'라는 의미이다(religion). 죄로 인해 사망에 처한 인생이 예수 그리스도를 믿음으로 말미암아 생명의 근원이신 하나님과 다시 결합하는 것이 바로 참된 종교의 실상인 것이다.

성경은 종교를 하나님께 대한 경외(구약), 복음에 대한 신앙과 경건의 태도(신약)로 묘사하고 있다.

그러므로 종교의 본질에 대한 역사적 개념은 하나님, 계시, 신앙의 3원리를 포함한다.

문1. 하나님은 사람에게 어떠한 마음을 주셨습니까? (전 3 : 11)

_____

문2. 그런즉 하나님께 절대로 핑계치 못할 이유는? (롬 1 : 19-20)

문3 인생의 본분(The Whole Duty)은 무엇인가요? (전 12 : 13, 신 10 : 12-13)

2. 종교의 기원

종교가 이 세상에 최초로 어떻게 나타났는가? 종교 특히 기독교의 기원은 하나님의 특별계시에 근거한다. 인간 스스로는 도저히 절대자 하나님을 깨달아 알 수가 없기 때문이다(고전 1 : 21, 마 11 : 27).

종교는 앞서 언급한 바와 같이 하나님과 인간 사이의 영적인 교통이다. 그러므로 하나님이 먼저 존재하여 자신을 나타내시고 그 다음에 인간이 그 계시에 응하는 것이 순리이다. 하나님은 그의 말씀(특별계시)으로 자신을 충분히 우리에게 나타내 주셨다. 그리하여 죄인은 이제 하나님께 타당한 봉사와 예배를 드릴 수 있게 된 것이다.

문4. 인간은 스스로 하나님을 알 수가 있을까요? (고전 1 : 21)

문5. 그러면 누가 하나님을 알 수가 있나요? (마 11 : 27)

문6. 우리가 하나님의 은혜(계시)를 올바로 아는 비결은? (고전 2 : 12-14)

3. 종교의 자리

종교는 사람의 마음(heart)에 자리잡고 있다. 마음은 인간의 전 도덕생활의 중심이요, 영혼의 인격적 기관이기 때문이다. 이 마음

에서부터 생활, 사상, 의욕, 정서가 나온다. 마음은 지성(롬 10 :
13-14, 히11 : 6), 감정(시 28 : 7, 30 : 12), 의지(롬 2 : 10, 13,
약 1 : 27, 요일1 : 5-7)를 지배한다. 그러므로 인간이 하나님께 바
쳐야 할 것은 마음이다(신 30 : 6). 인간은 마음을 다하고 목숨을
다하고 뜻을 다하고 힘을 다하여 하나님을 사랑하여야 한다.

종교인은 영혼과 육신은 물론이요, 지·정·의 전인격으로 생활
의 모든 영역에서 하나님께 헌신하고 봉사하는 사람이다.

문7. 어떠한 사람이라야 하나님을 볼 수가 있습니까? (마 5 : 8)

문8. 우리는 하나님을 어떻게 사랑해야 합니까? (마 22 : 37-40)

문9. 하나님의 뜻을 행하는 가장 좋은 비결은? (엡 6 : 6)

4. 적용

A. 인생의 참된 본분은 무엇이라고 생각하십니까? (신 10 : 12
-13, 전 12 : 13)

B. 하나님을 올바르고도 기쁘시게 섬기는 방법이나 비결은? (수
24 : 14, 히12 : 28)

제 2 과
계 시

요절 마태복음 11 : 27

　종교의 개념은 자연스럽게 우리를 계시의 개념으로 인도하여 준다. 기독교의 기원은 하나님(神)의 자기계시로부터 출발하기 때문이다. 사람은 하나님께서 자신을 나타내 주시는 한도 내에서만 그를 알 수 있을 뿐이다(마 11 : 27).

1. 계시의 의미

　계시(啓示)라는 말은 히브리어로 '깔라'인데 그 뜻은 '관찰에 장애가 되는 가리운 것을 제거함'을 가리킨다(창 35 : 7). 이에 해당하는 헬라어 '아포카룹시스' 역시 '감추인 것을 드러내 보인다' '베일을 벗기다'라는 의미를 갖고 있다. 그러므로 계시는 '하나님이 자신을 사람에게 나타내 보이는 일'이다. 즉, 하나님은 계시를 통하여 자신의 영광, 능력, 속성, 성품, 의지, 뜻, 목적 등을 사람들에게 나타내신다.

문1. 하나님을 완전히 알 자가 정녕 있습니까? (욥 11 : 7-8, 롬 11 : 33-34)

문2. 하나님은 그의 행위와 행사를 각각 누구에게 알리셨습니까? (시 103 : 6-7)

2. 일반계시

이것은 하나님이 피조물과 역사와 인간의 양심을 통해서 자신을 증거하시는 일이다(자연계시). 자연은 하나님이 대소문자를 갖고 쓰신 한 권의 방대한 서적이라고 말할 수 있다. 곧 온 우주만물은 하나님의 지혜, 선, 능력 등을 보여준다.

"하늘이 하나님의 영광을 선포하고 궁창이 그 손으로 하신 일을 나타내는도다"(시 19 : 1).

"창세로부터 그의 보이지 아니하는 것들 곧 그의 영원하신 능력과 신성이 그 만드신 만물에 분명히 보여 알게 되나니……"(롬 1 : 20).

그러나 인류의 타락 이후에 자연에 나타난 하나님의 글씨를 인간은 죄 때문에 읽을 수 없게 되었다. 그러므로 특별계시가 절대로 필요한 것이다.

문3. 모든 피조물은 무엇을 분명히 보여주고 있나요? (롬 1 : 20)

_____

문4. 그러나 인류의 범죄로 인한 두 가지 결과는? (롬 1 : 21-24)

_____

3. 특별계시

특별계시는 하나님께서 구원의 역사와 성경말씀을 통하여 자신을 드러내시는 일이다(초자연계시).

이같은 특별계시의 방법에는 세 가지가 있다-하나님의 나타나심(顯現), 예언, 이적.

a. 하나님의 현현(顯現)은 하나님께서 자신의 존재하심을 불과 연기 구름 속(출 33 : 9, 시99 : 7)과 그룹 사이(시 80 : 1)나, 폭풍우 가운데(욥 38 : 1), 그리고 세미한 음성으로 보여 주신 것이다. 예수 그리스도의 성육신(成肉身)은 하나님의 나타나심의 최고 절정이었다(요 1 : 14, 골 1 : 19, 2 : 9).

b. 예언은 하나님께서 그의 사상과 의지를 직접 음성으로 전달해주신 것이다. 그 수단은 꿈이나 환상, 제비뽑기나 우림과 둠밈이었다(민 12 : 5-7).

c. 이적은 하나님의 특별권능을 나타내며 그의 임재하심의 상징이다. 즉, 이적은 예언의 말씀을 확증하는 방편인 것이다(막 16 : 20, 행 14 : 3). 최대의 이적은 역시 예수께서 사람의 몸을 입고 탄생하신 사건(성육신)이다(사 7 : 14, 마 1 : 23).

d. 특별계시의 특징은 그것이 구원의 계시라는 점이다. 곧 죄인과 세상에 대한 하나님의 구원계획과 그 실현방법을 보여주는 계시이다.

e. 특별계시의 목적은 범죄한 사람들의 신체와 영혼은 물론이요, 지·정·의 전인격을 죄의 세력에서 구출하여 하나님의 새로운 피조물로 재창조하시려는 데 있다.

문5. 예언의 정의를 내려보십시오 (암 3 : 7-8, 벧후 1 : 20-21).

문6. 이적의 근본 목적은 어디에 있습니까? (막 16 : 20, 행 14 : 3)

문7. 하나님의 나타나심(현현)의 최고 절정은? (요 1 : 14, 골 1 : 19, 2 : 9)

4. 적용

A. 하나님은 이 마지막 날(말세)에 어떻게 우리에게 말씀하고 계신가요? (히 1 : 1-2)

B. 특별계시의 목적은 무엇이라고 생각하십니까? (요 3 : 16, 20 : 31)

제 3 과

성경의 영감

요절 디모데후서 3 : 16-17

성경은 왜 하나님의 말씀인가? 그 근거는 과연 무엇인가?

모든 성경은 하나님의 영감에 의하여 주어졌다(딤후 3 : 16, 벧후 1 : 21). 그러므로 신·구약 성경은 전 세대 모든 인류를 향한 하나님 자신의 말씀이다.

1. 영감의 의미

영감이란 하나님께서 그의 영으로 말미암아 성경 기자들에게 끼친 초자연적인 감화력을 뜻한다. 이 영감의 덕택으로 그들의 저서는 신적인 신뢰성을 부여받은 것이다.

"모든 성경은 하나님의 감동(데오프뉴스토스)으로 된 것으로…"(딤후 3 : 16).

'데오프뉴스토스'라는 헬라어는 '하나님(데오스)'과 '감동받은(inspired)'이란 뜻을 가진 두 단어의 복합어이다. 그러므로 그 의미는 '하나님에 의해서 생기가 불어 넣어졌다' 또는 '하나님이 숨을 불어 넣으셨다(God-breathed)'이다. 또한 모든 성경은(혹은 매 성경) 성경전서(全書)를 의미한다. 곧 율법서와 역사서, 시편과 선지서, 복음과 서신이 모두 영감의 지도 아래 저술되었으며 그 내용 전부가 영감된 것을 말한다.

따라서 신·구약 성경은 신적 영감을 받은 하나님의 말씀의 기록이다.

문1. 성경은 어떻게 우리에게 주어졌나요? (딤후 3 : 16 상, 벧후 1 : 20-21)

문2. 여호와의 책인 성경에 단 하나의 오류나 실수도 없는 근본적인 요인은? (사 34 : 16)

2. 영감의 방법

성경이 보여주는 영감의 방법은 유기적(有機的)인 방식이다. 유기적 영감이란 하나님께서 저자들의 성품과 기질, 은사와 재능, 교육과 교양, 용어와 어법, 문체 등을 있는 그대로 사용하셔서 성경을 기록하게 하셨다는 이론이다. 그런 의미에서 성경은 인간의 말과 사상의 산물이요, 그 연구의 결실인 동시에 사람의 입이나 펜을 통하여 전해지고 쓰여진 하나님의 말씀이기도 하다. 그러므로 성경은 이중의 저자(double authorship)를 갖고 있다.

사람은 제 2의 저자일 뿐이며, 제 1의 저자는 역시 각 성경 기자들에게 역사하신 성령 하나님이시다(벧후 1 : 20-21).

문3. 성경 속에 나타난 예언이나 말씀은 어떻게 전달된 것인가요? (막 12 : 36, 행 1 : 16)

문4. 바울 서신의 특색은 무엇입니까? (벧후 3 : 15)

문5. 그러나 사도 바울은 자신의 서신 내용을 무엇과 동일시했나요? (고전 14 : 37)

3. 영감의 범위

성경의 영감을 전적으로 부정하는 사람들이 많이 있다. 그들 중에는 사상은 신적으로 영감되었으나 그것을 나타내는 언어나 문자는 단순히 인간 저자들의 선택에 의한 것이라고 한다(사상영감). 혹은 성경의 어떤 부분은 영감되고(교리적 문서), 다른 부분(역사적 부분)은 영감되지 않았다고 하는 부분 영감을 주장한다. 그러나 성경은 각 부분 또는 모든 부분 심지어는 사용한 문자들에까지 성령의 충분한 감화(영감)가 확장되었다(완전축자영감설). 즉, 하나님은 성경 저자로 하여금 그들의 용어와 표현을 선택함에 있어서 오류에 빠지지 않도록 보호하시고 혼잡함이 없이 전적으로 하나님의 말씀만을 기록하게 하신 것이다(마 5 : 18).

그러므로 성경은 창세기로부터 요한계시록까지 오류가 하나도 없는 정확한 경전이다.

문6. 영감의 범위에 대한 가장 올바른 견해는? (마 5 : 18)

_____

문7. 정경(正經)은 모두 몇 권인가요? (계 22 : 18-19)

_____

4. 적용

A. 신·구약 성경이 신앙과 행위의 무오(無誤)한 법칙(규범)인 까닭은? (딤후 3 : 16-17, 사 8 : 20 상)

_____

제 **4** 과

성경의 속성

요절   시편 19 : 7-9

성경의 속성은 다른 말로 성경의 완전성(the perfections of Scripture)이라고도 한다. 신·구약 성경은 그 사상, 표현, 기록에서 모두 신적 영감을 받았다. 그러므로 성경은 세계의 그 어떤 책과도 비교할 수 없는 정확한 경전(Bible)이요, 완전무결한 책이다.

1. 성경의 신적 권위

모든 성경은 영감된 하나님의 말씀이므로 당연히 절대적인 권위를 갖고 있다.

웨스트민스터 신앙고백 1장 4절에, "우리가 반드시 믿고 순종해야 할 성경의 권위는 어느 사람이나 교회의 증언에 달려있지 않고 오직 하나님께 전적으로 의뢰하는 것이니 그는 진리 자체이시며 성경의 저작자이시다. 그러므로 성경은 수납되어져야 할지니 이는 성경이 하나님의 말씀이기 때문이다(딤후 3 : 16, 요일 5 : 9, 살전 2 : 13)"라고 하였다.

성경은 또한 역사적 권위를 지니고 있기에 참되고 절대적으로 믿을 수 있는 기록이며 성경에 내포하고 있는 것은 하나도 남김없이 그대로 믿고 받아드릴 수 있다. 또한 규범적 권위도 있어 생활과 행위의 법칙으로써 인간에 대하여는 절대적 순종(복종)을 요구한다.

문1. 성경은 왜 수납되어져야 합니까? (살전 2 : 13, 요일 5 : 9)

_____

문2. 결국 성경은 우리에게 어떠한 가치를 갖고 있나요? (사 8 : 20)

_____

2. 성경의 필요성

성경은 그 말씀을 교회의 종자(씨)로 삼으시려는 하나님의 선하신 기쁨 때문에 필요한 것이다. 만일 구속의 역사와 그 사실들을 기록해 두지 않으신다면 사단의 방해로 인간은 그 의미를 충분히 또는 오류없이 이해할 자 없을 것이요, 진리는 크게 변질되어 버리고 말 것이다.

따라서 특별계시의 구속적 진리들은 땅 끝까지 전달되지 못하며 시간의 종말까지 유지되지 못할 것이었다. 그러므로 특별계시의 내용을 성경화(聖經化)함은 이 계시를 ① 보존하고, ② 모든 인류에게 전달하고, ③ 전 인류에게 객관적으로 제출하며, ④ 이것(성경)의 진실성을 증언하기 위해서 성경은 절대적으로 필요하다.

문3. 하나님의 말씀의 효력은 언제까지 지속되나요? (사 40 : 8, 벧전 1 : 24-25)

_____

문4. 성경은 결코 폐해지거나 없어질 수가 있습니까? (요 10 : 35, 마 5 : 18, 눅 16 : 17)

_____

3. 성경의 명료성

이것은 구원에 필요한 지식(구원론)은 비록 성경의 모든 페이지에 동등하게 명백하지는 않지만 단순하고도 이해하기 쉬운 형식으로 성경을 통해서 인간에게 전달되었다는 의미이다. 그러므로 진실하게 구원을 찾는 사람이라면 누구나 교회나 신부(혹은 사제)에 의존할 필요가 없이 스스로 성경을 통하여 구원의 지식을 깨달을 수 있다(딤후 3 : 15).

　성경의 명료성은 시편 19 : 7-8, 119 : 105, 130에 근거하고 있다. 영적인 사람은 그것을 판단하고 이해할 수가 있다고 하였다(고전 2 : 15, 10 : 15, 요일 2 : 20).

　우리는 얼마든지 하나님의 말씀을 익숙히 알고 그 진리를 옳게 분변할 수가 있는 것이다(딤후 2 : 15).

문5. 성경만으로 구원의 지식을 깨달아 알 수가 있습니까? (시 19 : 7-8, 딤후 3 : 15)

문6. 그러면 성경을 올바르게 판단하고 이해할 수 있는 사람은 어떠한 사람일까요? (고전 2 : 9-13, 15, 요일 2 : 20)

4. 성경의 충족성

　이는 다른 말로 성경의 완전성(完全性)이라고도 하며 그 의미는 기록된 하나님의 말씀인 신·구약 성경 66권이 개인과 교회의 영적, 도덕적 욕구를 위해서 100% 충족한다는 것이다.

　즉, 그리스도인의 신앙과 생활에 반드시 필요한 사항들은 신·구약 성경에 충분히 명시되어져 있다. 그러므로 오직 성경에 기록된 것만이 우리의 교훈을 위한 것이며(롬 15 : 4), 신·구약 성경 이외에 특별히 계시된 하나님의 말씀은 절대로 없다(계 22 : 18-19).

문7. 성경 말씀은 신·구약 66권으로써 충분한가요? (계 22 : 18-19)

문8. 성경 기록의 실제적인 목적은 무엇입니까? (롬 15 : 4, 고전 10 : 11)

_____

5. 적용

A. 하나님의 특별계시인 신·구약 성경 66권 이외에 또 다른 계시가 필요할까요? (고전 4 : 6, 계 22 : 18-19)

_____

B. 그러면 신·구약 성경의 근본적이고도 궁극적인 목적은? (요 5 : 39, 20 : 31)

_____

신 론(神論)

하나님의 존재-신지식, 본질, 명칭
하나님의 속성-절대적 성품
하나님의 속성-보편적 성품
삼위일체 (三位一體)
하나님의 작정 (作定)
하나님의 창조
하나님의 섭리

제 5 과
하나님의 존재
─신지식(神知識), 본질, 명칭

요절 요한복음 17 : 3

하나님은 참으로 계신가? 그렇다면 어떻게 그 사실을 알 수가 있을까? 하나님을 완전히 알 사람은 아무도 없다(욥 11 : 7). 다만 하나님께서 능동적으로 자신을 알려주시는 것 만큼 그를 알 수 있을 뿐이다.

1. 하나님에 대한 지식(神知識)

인간이 가지는 하나님에 대한 지식은 일반적으로 두 가지로 나누어진다.

(1) 본유적(本有的) 혹은 생득적(生得的) 지식

이것은 나면서부터 가지고 있는 신지식(神知識)이다. 즉, 우리가 감각적, 이성적, 도덕적인 존재이기에 필연적으로 소유하고 있는 하나님에 대한 지식을 말한다.

위급할 때나 불치의 병을 앓고 있을 때 혹은 사망의 위험에 직면할 때 사람은 누구나 '하나님'을 찾게 된다. 이것은 인간의 마음 속에 본질적으로 종교심이 있기 때문이다(행 17 : 22).

(2) 획득적(獲得的) 혹은 후천적(後天的) 지식

이것은 하나님의 일반계시(자연)와 특별계시(성경)로부터 나오는 지식이다. 즉, 지식에 대한 의식적이고도 끊임없는 추구의 결과로 생겨지는 신지식이다.

그것은 감각과 반성, 숙고와 토의 등의 과정을 통해서만 얻어질 수가 있는 것이다. 제한된 것이기는 하나 하나님의 자기계시로 말미암아 우리는 하나님의 존재에 대한 참 지식을 소유하게 된다.

문1. 인간의 마음 속에 신지식(神知識)이 있습니까? (롬 1 : 18
-19)

_____

문2. 그러면 하나님을 완전히 알 수가 있을까요? (욥 11 : 7)

_____

문3. 부분적으로나마 어떻게 하나님을 아는 것이 가능합니까? (마
11 : 27, 요일 5 : 20)

① _____

② _____

2. 하나님의 본질

하나님은 영이신데 그의 존재하심과 지혜와 권능과 거룩하심과
공의와 인자하심과 진실하심이 무한하시며 영원하시고 불변하신다
(웨스트민스터 소요리문답 4)

(1) 하나님은 순결한 영 (Spirit)이시다 (영성).

하나님은 물질이 아니시며 물질에 의뢰하지 않으신다.

"하나님은 영이시니 (God is Spirit)…" (요 4 : 24)

(2) 하나님은 보이지 아니하시는 분이시다 (불가견성).

하나님은 아무 사람도 보지 못하였고, 또 볼 수 없는 분이시다 (딤전
6 : 16).

"어느 때나 하나님을 본 사람이 없으되…" (요일 4 : 12)

(3) 하나님은 살아계신 분이시다 (생명성).

그는 사시는 하나님이시요 (렘 10 : 10), 자기 속에 생명이 있고 (요
5 : 26), 살으시고 (살전 1 : 9), 오직 그에게만 죽지 아니함이 있다 (딤
전 6 : 16).

"내 영혼이 하나님 곧 생존(生存)하시는 하나님을 갈망하나니…"
(시 42 : 2)

(4) 하나님은 인격적인 존재이시다(인격성).

하나님은 자의식(自意識)과 자결정(自決定)의 재량을 가진 '나' '너' '그'라는 대명사들이 의미있게 적용될 수 있는 존재(實有)이시다(지 · 정 · 의의 소유자).

"하나님이 모세에게 이르시되 나는 스스로 있는 자니라…"(출 3 : 14)

문4. 하나님은 왜 보이지 아니하십니까? (요 4 : 24)

_____

문5. 그러나 하나님을 가장 완전히 계시하시는 분은? (인격적인 계시) (요 14 : 9, 요 1 : 18)

_____

3. 하나님의 명칭

하나님의 이름은 하나님의 인격, 성품 그리고 사역 등을 나타내 주고 있다.

(1) 구약

   1) 하나님(엘로힘)

   엘로힘은 하나님께서 강하시고 권능있는 분이기 때문에 경외의 대상이라는 사실을 강조한다.

   2) 주(主, 아도나이)

   우리 말의 '주(主)'라는 의미로 하나님께서 전 인류의 소유자이시며 통치자이심을 드러내는 이름이다.

   3) 엘샤다이(전능하신 하나님)

   이것은 하나님께서 그 백성의 축복과 위안의 근원이 되심을 나타내주는 이름이다.

4) 여호와 (야웨)

특별히 하나님은 '여호와 (야웨)'라는 이름으로 가장 널리 알려져 있다. 이 명칭은 가장 신성하고 탁월한 이름으로 출 3 : 14을 근거로 하여 히브리어의 '자존하다'라는 동사에서 유래된 것으로 하나님의 불변성을 가리키는 이름이다.

(2) 신약

신약성경에서는 다만 구약 히브리어 명칭과 뜻이 같은 헬라어를 사용하고 있을 뿐이다.

1) 하나님 (데오스)

신약성경에서 사용된 가장 공통적인 이름이다. 이 용어는 지극히 높으신 분이나 하나님 또는 전능하신 하나님 그리고 나 혹은 너의, 우리의 하나님 등으로 번역되었다.

2) 주 (主, 큐리오스)

하나님뿐만 아니라 그리스도에 대해서도 사용된 이름이다. 그것은 아도나이와 여호와를 대신한 이름이다. 이 명칭은 만물 특히 하나님의 백성의 소유자요, 지배자로서의 하나님, 왕의 권세와 권위를 가지신 하나님을 가리킨다.

3) 아버지 (파테르)

하나님은 이스라엘의 아버지, 창조주, 삼위일체의 제 一位이신 성부 하나님, 하나님의 영적 자녀인 신자들의 아버지 (윤리적 관계) 이시다.

문6. 구약에서 하나님의 명칭 가운데 가장 널리 알려져 있는 것은? (출 3 : 14)

_____

문7. 신약에서 가장 공통적으로 쓰여진 하나님의 이름은? (눅 1 : 32)

_____

4. 적용

A. 하나님이 없다고 하는 무신론자들은 대체 어떠한 사람들인가요? (시 14 : 1, 10 : 4)

_____

_____

B. 하나님께서 온 인류를 한 혈통으로 만드사 지상으로 거주의 경계를 제한하신 목적은? (행 17 : 26-27)

_____

하나님의 속성-절대적 성품

요절 출애굽기 3 : 14

하나님은 도대체 어떠한 성품을 가지고 계신가?

하나님의 속성 (**attributes**) 또는 성품 (性品)은 크게 두 가지로 분류된다.-절대적 성품과 보편적 성품.

절대적 성품은 일명 '비공유적 속성 (非共有的 屬性)'이라고도 하는데 하나님 자신만의 고유한 성품을 의미한다. 통상적으로 하나님의 비공유적 속성은 자존(自存), 불변(不變), 무한(無限), 유일(唯一)의 넷이다.

1. 하나님의 독립성 혹은 자존성

하나님은 존재하는 것이 그의 성질 (**nature**)이다 (필연적인 존재). 그러므로 인간들과 같이 외부의 어떤 것에 그의 존재를 의존하지 아니하신다.

하나님께서는 그의 사상에서 (롬 11 : 33-34), 그의 의지에서 (단 4 : 35, 롬 9 : 19, 엡 1 : 5, 계 4 : 11), 그의 능력에서 (시 115 : 3), 그의 계획에서 (시 33 : 11) 독립하신다.

하나님은 스스로 계시는 분이시며 전에도 계셨고 이제도 계시며 앞으로도 계실 영원한 현존(現存)이시다.

문1. 하나님의 대표적인 고유명사와 그 의미는? (출 3 : 14, 6 : 3)

문2. 한마디로 하나님은 어떠하신 분이신가요? (계 1 : 8)

_____

2. 하나님의 불변성

하나님은 어제나 오늘이나 영원토록 동일하신 분이시다. 곧 하나님은 그의 존재, 속성, 목적, 행동의 동기, 약속에 있어서 전혀 변함이 없으신 분이시다. 그는 절대적으로 완전무결하시기 때문에 변하실 이유가 전혀 없다.

"나 여호와는 변역(變易)치 아니하나니(for I am the Lord, I change not)"(말 3 : 6 상)

"천지는 없어지려니와 주는 영존(永存)하시겠고… 주는 여상(如常-the Same)하시고"(시 102 : 26-27)

문3. 약 1 : 17에 의하면 하나님은 어떠한 분이십니까?

_____

문4. 하나님의 말씀과 약속은 왜 신뢰할 만한가요? (민 23 : 19, 히 6 : 17-18)

_____

3. 하나님의 무한성

이것은 하나님이 그의 존재와 속성에 있어서 아무런 제한도 받지 아니하신다는 뜻이다.

a. 완전성-하나님은 존재와 본질에 있어서 무한하신 분이시다 (욥 11 : 7-11).

b. 영원성-하나님은 과거, 현재, 미래의 제한을 전혀 받지 아니하신다. 그는 시간을 초월하여 존재하시며 그에게는 오직 영원한 현재뿐이다(시 90 : 2, 102 : 12, 엡 3 : 21).

c. 무변성(無邊性)-하나님은 모든 공간을 초월하시며 동시에 그의 전존재로서(with his whole being) 공간의 모든 지점에

존재하신다. 하나님은 물질적 우주 위에 분리되어 세계 위에 또는 세계를 떠나서 계신다(일명 초월성). 또한 그의 신비한 무형적(無形的) 본체로 만물에 퍼져 계신다(일명 내재성). 그러므로 하나님은 아니 계신 곳이 없으시다(無所不在 또는 편재-遍在). "나는 천지에 충만하지 아니하냐(Do not I fill heaven and earth ?"(렘 23 : 23-24).

문5. 마 5 : 48에서 예수님은 하나님의 속성을 어떻게 표현하셨나요?

———————————————————————————

문6. 하나님은 어떠한 존재이십니까? (시 90 : 2)

———————————————————————————

문7. 우리가 하나님을 떠나 어디론가 피해 버릴 수 없는 이유는? (시 139 : 7-10, 렘 23 : 23-24)

———————————————————————————

4. 하나님의 단순성 혹은 유일성

하나님의 단순성 혹은 유일성은 두 가지 의미를 갖고 있다.

첫째로, 다른 모든 신들을 제외하고 오직 한 하나님만이 계신다(신 6 : 4, 4 : 35). 여기서 '오직 하나'라는 말은 하나님이 절대, 자존, 불변, 무한하시니 다른 무엇과도 비교할 수 없는 독특한 영이시라는 뜻이다.

둘째로, 하나님은 혼성(混成)된 분이 아니시며 동시에 어떠한 의미에서도 분할(分割)할 수 없는 분이시다. 이것은 신격(神格) 안에 있는 삼위(三位-세 인격)가 하나님의 본질을 구성하는 여러 부분이 아니라는 것과 하나님의 본체와 속성은 별개의 것이 아니고, 그 속성은 하나님의 본질에 첨가된 무엇이 아니다라는 의미이다.

문8. 하나님은 몇 분으로 계신가요? 하나님 한 분 외에 또 다른 신(神)은 없습니까? (신 4 : 35, 6 : 4, 고전 8 : 6)

_____

_____

4. 적용

여호와께서 홀로 하나, 오직 하나(히브리어-에하드)라는 말은 어떤 의미를 갖고 있습니까? (신 6 : 4, 출 15 : 11, 슥 14 : 9)

_____

_____

제 **7** 과
하나님의 속성-보편적 성품

요절 민수기 23 : 19, 로마서 11 : 33

보편적인 성품은 다른 말로 '공유적(共有的) 속성'이라고도 한다. 곧 인간의 성품들과 어떤 유사점을 가진 하나님의 속성을 말한다. 그러나 하나님의 성품은 무한하고 완전한 데 비해서 인간 속에서 발견되는 것(선, 지혜, 능력 등)은 다만 유한하고 불완전할 뿐이다.

1. 하나님의 지식과 지혜(전지-全知)

하나님은 전혀 독특한 방법으로 그 자신을 아실 뿐만 아니라 과거, 현재, 미래에 걸쳐서 가능한 일들이나 현실적인 일들을 무엇이든지 알고 계신다. 이 하나님의 지식은 모든 것을 포함하고 있고 광범위하기 때문에 일명 '전지(全知)'라고 불리워진다.

즉, 하나님은 단번에 (즉시) 모든 것을 완전히 알아보신다. 하나님 앞에서 모든 것은 마치 벌거벗은 것 같이 동시적으로 전부 드러나 버리는 것이다(히 4 : 13).

하나님의 지혜는 그가 자기를 가장 영화롭게 하는 방법으로 그의 지식을 응용하시는 것을 이른다(지식의 적용). 우리는 하나님의 지혜를 창조에서(시 19 : 1-7, 104 : 1-34), 섭리에서(시 33 : 10-11, 롬 8 : 28), 구속사역에서(고전 2 : 7, 롬 11 : 33, 엡 3 : 10) 볼 수가 있다.

문1. 하나님의 속 마음을 알 자가 있을까요? (롬 11 : 33-34)

그 이유는?

2. 하나님의 선하심

이것은 모든 피조물을 관대하고 친절하게 다루시는 하나님의 애정을 말한다. 하나님의 선(인자하심)은 은혜를 모르는 자와 악한 자에게 까지도 베풀어진다(눅 6 : 35). 하늘의 비와 눈을 내리시거나 결실기를 주시고 음식과 기쁨을 누리게 하심도 그의 선하심의 결과이다(행 14 : 17).

"하나님 한 분 외에는 선한 이가 없느니라"(막 10 : 18)

문2. 우리가 여호와 하나님께 감사드려야 할 이유나 근거는? (시 107 : 1, 시 136편)

3. 하나님의 사랑

이 속성은 하나님의 가장 중심적인 성품이다. 이것은 자기의 무한한 완전성과 그의 도덕적 형상을 지닌 피조물을 보고 느끼시는 기쁨을 말한다. 때로는 은혜, 자비(긍휼), 오래참으심으로 나타나기도 한다.

문3. 하나님의 사랑(아가페)은 우리에게 어떻게 나타났나요? (요일 4 : 9-10)

4. 하나님의 거룩하심

하나님의 거룩하심은 두 가지 의미를 내포하고 있다.

첫째, 그가 절대적으로 모든 피조물과 구별되어 무한한 위엄으로 초월하여 계시다는 것과(출 15 : 11, 사 57 : 15), 둘째 도덕적으로나 윤리적으로 완전하심을 의미한다. 즉, 하나님은 죄를 미워하시고 순결을 요구하시는 거룩한 분이시다(욥 34 : 10, 사 6 : 5, 합 1 : 13).

문4. 거룩하신 하나님 앞에 설 때 우리 인간은 무엇을 깊이 깨닫게 되나요? (욥 15 : 14-15, 사 6 : 5, 눅 5 : 8)

_____

5. 하나님의 의(義)

이것은 하나님께서 자신의 거룩성에 위배되는 모든 것으로부터 자신을 거룩한 존재로 보존하시는 분이심을 나타낸다. 하나님의 공의에는 상 주시는 공의(하나님의 사랑의 표현)와 벌 주시는 공의(하나님의 진노)가 있다.

문5. 하나님의 공의(公義)는 그리스도의 재림시에 어떻게 나타날까요? (살후 1 : 6-10)

_____

_____

6. 하나님의 진실성

하나님은 그의 계시에 있어서나 그 백성과의 관계에 있어서 항상 참되시고 결코 거짓이 없으시다. 곧 약속을 반드시 이행하시는 성실하신 분이시다(민 23 : 19, 고전 1 : 9, 딤후 2 : 13, 히 10 : 23).

문6. 언제나 한결같이(꾸준히 ──向) 미쁘신 분은? (딤후 2 : 13, 히 10 : 23)

그 이유는? (민 23 : 19)

7. 하나님의 주권(主權)

하나님의 주권은 주권적 의지와 주권적 능력으로 양분할 수 있다.

(1) 주권적 의지

하나님의 의지(will)는 만물의 궁극적인 원인이다(엡 1 : 11, 계 4 : 11).

하나님의 의지에는 은밀한 의지(감추어진 작정의 의지)와 계시된 의지(율법과 복음에서 나타난 교훈의 의지)가 있다. 이같은 구별은 신명기 29 : 29에 근거하고 있다.

(2) 주권적 능력 (전능)

전능(全能)은 하나님의 의지를 집행하는 능력을 말한다. 이것은 그가 이루고자 결정하신 것은 무엇이든지 다 실현하실 수 있다는 의미이다. 또한 그가 원하시기만 하면 그 이상으로도 행하실 수가 있다(창 18 : 14, 렘 32 : 17, 슥 8 : 6, 마 26 : 53)

문7. 하나님의 의지(뜻)의 두 종류는 무엇입니까? (신 29 : 29)

문8. 하나님의 주권적 능력이란 무엇을 말합니까? (창 17 : 1, 18 : 14)

4. 적용

하나님의 전능성(全能性)에 대한 올바른 해석(이해)은?

제 8 과

삼위일체(三位一體)

요절   고린도후서 13 : 13

성경에 의하면 하나님께서는 오직 한 인격(one person)이 아니시다. 한 하나님 안에 있는 세 인격(three persons in one God)이시다. 이것이 바로 삼위일체(the Trinity)의 위대한 신비이다.

1. 삼위일체의 의미

하나님의 신격에 삼위(三位-three persons)가 계시는데 성부와 성자와 성령이시다. 이 삼위는 한 하나님이시며 본체는 하나요, 권능과 영광이 동등하시다(웨스트민스터 소요리문답 제 6문답).

삼위일체(Trinity)란 용어는 헬라어 '트리아' 라틴어 '트리니타스'로부터 유래되었다. 그 의미는 '하나에 셋', 혹 '셋인 하나', 또는 '하나인 셋'을 뜻한다.

삼위일체는 한마디로 '세 인격 그러나 한 하나님-the three persons but one God'이라는 의미이다.

즉, 하나님은 본질적으로 한 분이시지만 이 한 분 안에 '성부-the Father' '성자-the Son' '성령-the Holy Spirit'이라고 불리우는 삼위(三位) 곧 세 인격(three persons)을 가지고 계신다.

문1. 여호와 하나님은 몇 분이십니까? (신 4 : 35, 39, 6 : 4)

___

문2. 그러면 삼위(三位)란 구체적으로 무엇을 의미하고 있나요?
     (마 28 : 19, 고후 13 : 13)

문3. 삼위일체 (Trinity)란 말을 글자 그대로 한 마디로 표현하여
보십시오.

---

2. 성경적인 증거

삼위일체 교리는 실제적으로나 교리적으로나 가장 고귀한 가치
를 가진 진리이다. 이 교리는 신·구약 성경에 명백히 기초하고 있
다.

(1) 구약
  a. 하나님은 자신을 복수형 (우리)으로 말씀하셨다 (창 1 : 26, 11 : 7,
    사 6 : 8).
  "여호와 하나님이 가라사대 보라 이 사람이 선악을 아는 일에 우리 중
  하나 같이 (as one of us) 되었으니…" (창 3 : 22)
  b. 하나님의 신적 인격을 하나 이상의 수로 묘사하였다 (사 48 : 16,
    61 : 1, 63 : 7-11).
  "주 여호와 (성부)께서 나 (성자)와 그 신 (성령)을 보내셨느니라" (사
  48 : 16)
  c. 성령이 확실한 인격으로 불리워졌다 (사 40 : 13, 63 : 10, 시 51 :
    11, 139 : 7, 느 9 : 20, 창 6 : 3).
  "그들이 반역하여 주의 성신을 근심케 하였으므로…" (사 63 : 10)

(2) 신약
  a. 성부, 성자, 성령을 각각 다 하나님으로 인정하고 있다 (고전 8 :
    6, 롬 9 : 5, 행 5 : 3-4).
  b. 하나님은 오직 한 분뿐이심이 강조되었다 (요 10 : 30, 약 2 : 19,
    고전 8 : 4, 엡 4 : 5-6, 계 22 : 13).
  c. 삼위 하나님이 모두 같은 성경구절에 기록되었다 (마 3 : 16-17,

28 : 19, 눅 1 : 35, 요 15 : 26, 고전 12 : 4-6, 고후 13 : 13)
"주 예수 그리스도의 은혜와 하나님의 사랑과 성령의 교통하심이 너희 무리와 함께 있을지어다"(고후 13 : 13)

문4. 창세기 1 : 26에서 삼위일체 하나님을 나타내주고 있는 용어는?

문5. 삼위 하나님을 가장 분명하게 암시해주고 있는 구약 성경은? (장절까지 기재 요망)

문6. 삼위일체와 관련하여 예수 그리스도에게 어떠한 칭호가 쓰여지고 있습니까? (사 9 : 6, 롬 9 : 5, 요일 5 : 20)

문7. 동시에 보혜사 성령님께도 어떠한 칭호가 주어지고 있나요? (행 5 : 3-4)

3. 삼위(三位)의 개별적 고찰

(1) 성부(Father)-제 一位

이 명칭은 삼위일체 하나님을 모든 창조물의 근원(고전 8 : 6, 히 12 : 9, 약 1 : 17), 이스라엘 선민의 아버지(신 32 : 6, 렘 3 : 4, 말 1 : 6) 하나님의 영적 자녀인 신자들의 아버지(마 5 : 45, 롬 8 : 15, 요일 3 : 1)로서 나타내준다.

(2) 성자(Son)-제 二位

예수 그리스도는 하나님의 아들로 불리워진다(요 1 : 14, 11 : 27, 요 3 : 16).

성자의 인격적 특성은 그가 성부에게서 영원히 탄생하셨다는 점이다(시 2 : 7, 행 13 : 33, 히 1 : 5). 성자 예수 그리스도에게도 '하나님' 이란 명칭이 쓰여지고(사 9 : 6), 신적 속성(계 1 : 8)이나 사역(눅

10 : 22, 마 18 : 20)이나 존영들(요 5 : 22-23, 히 1 : 6)이 돌려졌다.

(3) 성령(Holy Spirit)-제 三位

성령은 분명히 한 인격이시다(요 14 : 16-17, 15 : 26). 곧 그에게는 지성(요 15 : 26), 감정(사 63 : 10, 엡 4 : 30), 의지(행 16 : 7, 고전 12 : 11)가 있다.

더욱이 인격적인 행동들 곧 발언, 탐구, 증거, 명령, 계시, 노력, 조정같은 사역을 행하신다(눅 12 : 12, 요 14 : 26, 행 8 : 29, 13 : 2, 고전 2 : 10-11) 성령께도 그리스도와 마찬가지로 하나님이란 호칭이 쓰여졌다(행 5 : 3-4).

문8. 성자 예수 그리스도의 인격적 특성은? (시 2 : 7, 행 13 : 33, 히 1 : 5)

_____

문9. 성령도 틀림없이 한 인격(one person)인 근거는? (요 15 : 26, 엡 4 : 30, 고전 12 : 11)

_____

4. 적용

삼위일체 교리를 알기 쉽게 표현하여 보십시오.

_____

_____

_____

제 9 과
하나님의 작정(作定)

요절 욥기 23 : 13-14, 로마서 9 : 22-23

하나님은 그의 완전한 지혜와 완전한 권능을 가지고 장래 영원에서 되어질 모든 사건들을 과거 영원에서 미리 결정하여 두셨다. 이것을 하나님의 작정(the Divine Decrees)이라고 한다. 하나님의 작정은 그의 영원하신 계획이나 목적을 말함인데 창조, 섭리, 구속을 통해서 이루어져 나간다.

1. 하나님의 작정이란?

하나님의 작정이란 하나님이 우주의 과거, 현재, 미래의 모든 사변들을 확실케 하시는 그의 계획을 말한다-영원하신 계획 또는 목적

즉, 하나님은 장차 일어날 모든 일들을 하나도 빠짐없이 영원 전부터 미리 정하셨다.

"그는 뜻이 일정하시니 누가 능히 돌이킬까 그 마음에 하고자 하시는 것이면 그것을 행하시나니 그런즉 내게 작정(作定)하신 것을 이루실 것이라"(욥 23 : 13-14)

하나님은 모든 일을 그 마음의 원대로 역사하시는 분이시다(엡 1 : 11). 곧 그의 계획은 결코 변경되지 아니하며(사 46 : 10), 그가 한 번 결정하신 것은 반드시 실현되고야 만다(사 14 : 24).

하나님은 인간의 선행(엡2 : 10)이나, 악행(잠 16 : 4, 행 2 : 23, 4 : 27-28), 심지어는 우발적인 사건들(창 45 : 8, 잠 16 : 33)이나 목적 또는 수단들(살후 2 : 13, 엡 1 : 4), 그리고 사람의 수

명(욥 14 : 5, 시 39 : 4)과 인간의 거처(행 17 : 28)등도 그의 작정 안에 포함하고 있다.

문1. 이 세상에 우연이나 운명적인 사건이 단 하나라도 과연 존재할까요? (마 10 : 29)

_____

문2. 그런즉 사람이 제비를 뽑을지라도 일의 작정은 누구의 고유 권한에 속합니까? (잠 16 : 33)

문3. 우리 인간의 호흡이나 진로를 주장(主掌)하시는 분은? (단 5 : 23, 렘 10 : 23)

_____

2. 하나님의 예정-선택과 유기

하나님의 작정 가운데 특별히 구원에 관계되는 좁은 범위의 작정을 예정(豫定)이라고 부른다. 예정은 하나님의 도덕적 피조물(인간과 천사)들에 대한 그의 목적이다(predestination).

이 예정은 크게 선택(選擇)과 유기(遺棄)로 구분된다.

(1) 선택(Eelection)

선택은 전 인류 가운데 얼마(some)를 예수 그리스도 안에서 그로 말미암아 구원하시려는 하나님의 영원하신 목적이다. 하나님은 벌써 창세 전에 그리스도 안에서 그 기쁘신 뜻대로 우리를 구원받도록(영생 얻도록) 예정하셨다. (엡 1 : 4-5)

(2) 유기(Reprobation)

이것은 하나님께서 어떤 사람들을 그냥 내어 버려두사 구원의 은혜를 주시지 아니하시고 그의 공의를 나타내시기 위해서 그들의 죄를 벌하시기로 결정하신 것을 일컫는다.

만일 하나님께서 한 사람도 구원하시지 않으신다 해도 그는 완전히 정당한 것이다(마 20 : 14-15, 롬 9 : 14-15). 그 이유는 모든 사람들은 전적으로 부패하고 타락하여서 영원한 멸망을 받을 수 밖에 없는 존재이기 때문이다.

문4. 그리스도인은 언제 예정되었습니까? (엡 1 : 4)

_____

그러면 예정의 근거는 무엇인가요? (엡 1 : 5)

_____

문5. 그러므로 어떠한 자라야 비로소 예수 그리스도를 믿게끔 되나요? (행 13 : 48)

_____

문6. 택함받지 못한 자 곧 버림받은 자(유기자)는 결국 어떻게 될까요? (요 17 : 12, 마 22 : 13-14)

_____

문7. 하나님께서 유기자들을 내어버려두시는 근본적인 요인은? (롬 1 : 24. 26. 28)

① _____
② _____
③ _____

5. 적용

A. 인간의 범죄에 대한 하나님의 작정을 간단히 설명하여 보십시오.

_____

B. 하나님께서 결코 죄의 조성자이실 수 없는 이유는?

_____

C. 하나님의 예정(선택과 유기)과 관련하여서 온 인류를 두 종류
로 구분하자면 ? (롬 9 : 20-24)

① _____

② _____

제 10 과
하나님의 창조

요절 창세기 1 : 1

　창조는 모든 신적 계시의 시초요, 기반이다. 또한 모든 윤리적, 종교적 생활의 근원이 된다. 그러나 이 창조의 교리는 성경 이외의 다른 사료(史料-source)에서는 배울 수 없고, 다만 신앙에 의해서만 받아드릴 수 있을 뿐이다.

1. 창조의 개념
　"태초에 하나님이 천지를 창조하시니라"(창 1 : 1)
　여기서 태초라는 말은 현재 존재하고 있는 모든 사물의 시작, 심지어는 그 시간 자체의 시작을 의미하고 있다. 특히 창조하다(to create)라는 뜻의 히브리어 동사 '빠라'는 하나님께서 무(無)에서 유(有)를 만들어 내신 것을 일컫는다(시 33 : 9, 148 : 5, 히 11 : 3).
　창조의 궁극적인 목적은 하나님 자신의 영광을 나타내시려는 데 있다(사 43 : 7, 겔 39 : 7, 롬 9 : 17, 11 : 36, 골 1 : 16). 그리고 하나님의 창조에는 보이는 세계(물질계)뿐만 아니라 보이지 않는 세계(영계)까지도 포함하고 있으며 그 수단은 오직 그 자신의 권능의 말씀이었다(골 1 : 16, 요 1 : 1-3, 히 11 : 3).
　그러므로 창조(創造)란 하나님께서 자신의 영광을 나타내시기 위하여 기존자료(旣存資料)를 사용함이 없이 전혀 아무것도 없는 데(無)서 세계와 그 가운데 있는 만유(萬有)를 지으신 것을 말한다(행 17 : 24 상).

문1. 하나님은 어떻게 우주 만물을 창조하셨습니까? (히 11 : 3,
　　 시 33 : 6, 요 1 : 1-3)

_____

문2. 모든 창조물을 크게 두 가지로 구분하여 보십시오. (골 1 : 15
　　 -17)

　① _____
　② _____

문3. 만물 창조의 목적과 그 결과는 무엇인가요? (① 사 43 : 7,
　　 골 2 : 16 하, ② 창 1 : 31, 딤전 4 : 4)

　① 창조의 목적 : _____
　② 그 결과 : _____

2. 영적 세계의 창조

　보이지 않는 세계, 곧 영적 세계의 창조는 특히 천사들을 지으신
것을 의미한다(시 148 : 2, 5). 천사들은 지성(삼하 14 : 20, 마
24 : 36)과 도덕적 성격(유 1 : 6, 계 14 : 10)을 소유하였고 더욱이
인격적 행위가 그들에게 있었다. 곧 그들은 사랑하고 기뻐하며(눅
15 : 10), 원하고(벧전 1 : 12), 다투며(유 1 : 9, 계 12 : 7), 예배
드리며(히 1 : 6), 말하며(슥 1 : 9, 눅 1 : 13), 또는 오기도 하고
가기도 한다(창 19 : 1, 눅 9 : 26).

(1) 선한 천사들(딤전 5 : 21, 계 11 : 14)
　 a. 그룹-낙원의 입구를 지키며(창 3 : 24) 속죄소를 굽어보며(출 25 :
　　　 18), 하나님은 지상에 강림하실 때 그룹을 타고 오신다(시 18 :
　　　 10). 이들은 하나님의 권능과 위엄과 영광을 나타내기도 한다.
　 b. 스랍-하나님의 보좌 주위에서 그에게 수종을 들고 찬양하며 그의
　　　 명령을 준행하기를 항상 준비한다(사 6 : 2-6).
　 c. 가브리엘과 미가엘-가브리엘은 하나님의 계시를 전달하고 해석하
　　　 는 것이 그의 특별 직무이다(눅 1 : 19, 26, 단 8 : 16, 9 : 21).
　　　 미가엘은 이스라엘의 대적과 악한 영계의 권세를 대항하여 여호와

의 전투를 행하는 용감한 전사 (戰士)이다 (단 12 : 1, 계 12 : 7).
d. 정사, 권세, 보좌, 주관자-이 이름들은 에베소서 1 : 21 ; 3 : 10, 골로새서 1 : 16 ; 2 : 10, 베드로전서 3 : 22 등에서 나타나며 천사들 중에 등급과 위엄의 차이가 있음을 보여주고 있다.

(2) 악한 천사들 (벧후 2 : 4, 유 1 : 6)

자신들의 본래 지위를 지키지 못하고 교만하여 타락한 천사들이다. 사단은 타락한 천사들의 공인된 수령으로서 죄의 창시자이다 (창 3 : 1, 고후 11 : 3, 요일 3 : 8, 계 12 : 9). 귀신들 (일명 타락한 천사들) 은 사단의 부하로서 하나님의 백성을 미혹하고 죄인들의 악행을 격려하며, 신자들을 그리스도에게서 분리하려고 노력하고, 육체적 고통, 종교적 핍박, 정신적 문란, 도덕적 불결 등을 꾀하고 그릇된 교리를 유포하거나 (살후 2 : 2, 딤전 4 : 1), 하나님의 자녀들의 영적 진보에 반항한다 (엡 6 : 12).

그러나 사단과 그의 추종자들은 결국 영원한 불못 (지옥)에 던지울 것이다 (계 20 : 7-10, 마 25 : 41).

문4. 모든 천사들을 두 종류로 구분하면 ? (딤전 5 : 21, 유 1 : 6)
① _____
② _____

문5. 하나님께서 천사들을 지으신 실제적인 목적은 ? (히 1 : 14)
_____

문6. 악한 천사들이나 사단의 최종 운명은 장차 어떻게 될까요 ?
(계 20 : 10)
_____

3. 물질 세계의 창조

창세기 1 : 1은 우주의 원시적 직접적 창조를 기술한 것이며 (히브리어법으로 우주를 가리켜 천지라 한 것), 창세기 1 : 2은 땅의 원시적인 상태를 묘사하고 있다.

(1) 6일간의 사역

창조 6일의 날을 문자적인 날(하루 24시간)로 보지 않을 수 없는 이유는 히브리어의 '욤(yom-날)'은 근본적으로 정상적인 날(하루)를 가리키며, '저녁이 되며 아침이 되니'라는 말이 문자적 해석을 강요하며, 제 7일이 문자적인 날이므로 그 전 6일도 그럴 것이며(출 31 : 17, 20 : 9-11), 후 3일이 태양과 지구와의 관계에 의하여 결정된 통상적인 날이므로 전 3일도 그럴 것이기 때문이다.

"나 여호와가 엿새 동안에 천지를 창조하고 제7일에 쉬어 평안하였음이니라"(출 31 : 17)

(2) 각 날의 사역

창조사역 전부는 공허하고 아무것도 없는 데서부터 존재(有), 질서, 생명, 고등생명 등의 순서로 진행되었다.

첫째 날-빛
둘째 날-궁창(하늘), 윗물과 아랫물
세째 날-땅, 바다, 풀, 채소, 각종 나무
네째 날-일월성신(해, 달, 별들)
다섯째 날-물고기, 새
여섯째 날-육축, 기는 것, 짐승, 사람
일곱째 날-안식일(安息日)

문7. 하나님은 몇 일 동안 온 우주 만물을 지으셨습니까? (창 1 : 1, 2 : 1, 출 20 : 11)

_____

문8. 우리가 6일 창조를 신봉하는 가장 근본적인 근거는? (출 31 : 17, 20 : 9-11)

_____

4. 적용

진화론(進化論)에 대해서 간단히 비판하여 보십시오.

(1) 진술

_____
_____
_____
_____

(2) 비판

① _____
② _____
③ _____
④ _____

제 11 과
하나님의 섭리(攝理)

요절 시편 103 : 19, 135 : 6

하나님이 세계를 창조하신 후에 그 세계에 대하여 가지는 관계는 어떠한가?

초연신론(超然神論)은 하나님을 세계로부터 분리하고 범신론(汎神論)은 이 둘을 서로 혼동한다. 그러나 기독교 유신론(有神論)은 하나님이 세계를 섭리하신다고 가르친다.

1. 섭리의 정의

섭리란 하나님께서 모든 피조물을 보존하시며 세계에서 일어나는 모든 일에 행동하시고 만물을 그 정해진 목적으로 인도하시는 사역을 말한다.

즉, 모든 일은 하나님의 감추인 계획하심에 의하여 주관되어진다(마 10 : 29). 하늘과 땅과 무생물들 뿐만 아니라, 인간들의 계획과 뜻까지도(잠 16 : 9, 20 : 24) 하나님의 섭리로 주관되어 그가 정해 놓으신 목표를 향하여 정확하게 움직이고 있다.

마치 선장이 배의 키를 잡고 조정하듯이 하나님께서 세상 만사를 다스리시고 계신다. 그러므로 무엇 하나라도 운명에 의해서 일어나거나 어떠한 일이라도 결코 우연히 생겨나지 않는다. 하나님의 섭리에는 세 가지 요소 곧 보존(돌보심), 협력(인도하심), 통치(다스리심)가 있다.

문1. 하나님은 어떻게 만물을 보존하시고 섭리하십니까? (히 1 : 3

중)

문2. 하나님의 섭리(뜻)를 두 가지로 구분하여 보십시오(신 29 :
29).

① _____

② _____

문3. 하나님의 섭리의 목적은 무엇입니까? (롬 8 : 28)

_____

_____

2. 섭리의 요소

(1) 보존(保存)

하나님께서 자기 피조물들의 존재를 그 성질과 능력과 함께 유지하
시는 그의 계속적인 사역이다. 하나님은 그의 피조물 특히 자기 백성
을 보전하시며(마 10 : 29-30), 사람의 육체적 생명과(시 66 : 8-9)
정신생활을 유지케 하신다(딤전 6 : 3, 마 4 : 4).

"그의 능력의 말씀으로 만물을 붙드시며(upholding)"(히 1 : 3)

(2) 협력(協力)

하나님의 섭리는 피조물의 존재에만 아니라 그 활동이나 동작에도
관계하신다. 즉, 하나님은 그의 모든 창조물과 합력(合力)하여 그들
로 하여금 자신들이 하는 일을 정확하게 실행하게 하신다(협력).

"그런즉 나(요셉)를 이리로 보낸 자는 당신들이 아니요 하나님이시
라"(창 45 : 7-8)

(3) 통치(統治)

하나님께서는 만물이 그 존재의 목적에 맞도록 다스리신다. 하나님
의 통치는 우주적이면서도(시 22 : 28-29, 103 : 19) 특수하기도 하
다. 가장 의의있는 것들(마 10 : 29-30), 불의의 사건이듯 한 것들(잠
16 : 33), 인간의 선행(빌 2 : 13)이나 악행(행 14 : 16)까지도 다 그
의 지배하에 있는 것이다.

"여호와께서는 그 보좌를 하늘에 세우시고 그 정권으로 만유를 통치하시도다"(시 103 : 19)

문4. 천지 만물을 다 지으시고 또한 보존하시는 분은? (느 9 : 6)

_____

문5. 요셉은 자신을 애굽에 앞서 보내신 분이 누구임을 깨달았습니까? (창 45 : 7-8)

_____

그 목적은 무엇이었나요? (창 45 : 7)
① (창 50 : 20) _____
② (시 105 : 16-22) _____

_____

3. 비상섭리(이적)

일반섭리는 하나님께서 우주전체를 관리하시는 것이며 특별섭리는 우주의 각 부분을 돌보시는 것이다.

특별섭리에는 기도에 대한 응답, 고통에서의 구출, 위험에서의 보전같은 일들이 있다.

"여호와께서 내 음성과 내 간구를 들으시므로 내가 저를 사랑하는도다"(시 116 : 1)

문6. 큰 물고기 뱃속에 있던 선지자 요나는 어떻게 하여서 구출되었나요? (욘 2 : 1, 10)

_____

문7. 예수님께서 이적을 베푸사 죽었던 사람이 다시 살아난 사건 한 가지 실례는? (요 11 : 41-44)

_____

4. 적용

A. 인생에 대한 하나님의 섭리는 어떠한 유익을 가져다 주고 있나요?

① _____

_____

② _____

_____

_____

B. 사람이 장래 일을 능히 알지 못하는 까닭은 무엇인가요? (전 7 : 14)

_____

_____

인죄론(人罪論)

인간의 구조
하나님의 형상
행위언약
죄의 기원, 전가, 본질
죄의 구별, 내용, 형벌
은혜언약
구속언약

제 **12** 과
인간의 구조

요절 창세기 2 : 7, 전도서 12 : 7

자기 자신을 올바로 알지 못하고는 절대로 하나님을 알 수 없다. 그러면 인간이란 과연 무엇인가? 사람은 어떤 요소들로 구성되어 있는가? 성경에 의하면 인간은 본래 하나님의 창조물 가운데 으뜸 가는 존재였다(창 1 : 26-28). 즉, 사람은 이성, 양심, 자유, 애정, 영혼을 가진 만물의 영장이다.

1. 인간의 구조

인간은 두 부분 곧 육체(body)와 영혼(soul)으로 구성되어 있다 (二分說). 즉 사람은 물질적인 요소와 영적인 요소가 서로 조화를 이루고 있는 존재이다.

"여호와 하나님이 흙으로 사람(아담)을 지으시고 생기(生氣)를 그 코에 불어 넣으시니 사람이 생령(a living soul)이 된지라"(창 2 : 7).

여기서 흙은 히브리어로 '아파르'인데 먼지나 티끌(dust)을 뜻하며 인간 육체의 물질적인 요소(material of human body)를 의미한다. 또한 생기는 성경에서 영(spirit)을 상징하는 비유나 표현법이다(시 33 : 6, 요 20 : 22).

흙(육신)＋생기(영)＝살아있는 영혼(인간).

그러므로 흙으로 빚어진 인간은 하나님의 영을 받아 비로소 살아 있는 영혼이 된 것이다. 이같은 이분설은 전도서 12 : 7, 마태복음 10 : 28, 누가복음 8 : 55, 고린도후서 5 : 1-8, 빌립보서 1 : 22

-24, 히브리서 12 : 9 등의 성구들의 지원(확증)을 받고 있다.

문1. 인간은 어떻게 구성되어져 있습니까? (마 10 : 28)

_____

문2. 그러면 영과 육의 본래의 고향은 각각 어디인가요? (전 3 : 20-21, 12 : 7)

_____

문3. 우리가 그 어떤 인생(사람)도 결코 신뢰하지 말아야 될 근본적인 이유는? (시 146 : 3-4, 사2 : 22)

_____

문4. 창조주 하나님은 범죄한 아담을 어떻게 부르고 계신가요? (창 3 : 19 하)

_____

2. 영혼의 기원

각 사람의 영혼은 언제부터 존재한 것일까? 이에 대해 세 가지 견해가 있다-선재설, 유전설, 창조설.

(1) 선재설(先在說)

이것은 영혼들이 육체를 입고 이 세상에 오기 전에 (前世) 있었다는 주장이다(플라톤, 필로, 오리겐 등의 이론). 그러나 이 이론은 비성경적이며 물질과 영혼을 분리하는 이원론에 기초한 것이다.

(2) 유전설(遺傳說)

이 이론에 의하면 사람의 영혼은 신체와 함께 부모로부터 자손에게로 생식(生殖)에 의하여 전달된다는 것이다(터틀리안, 아폴리나리스, 닛사의 그레고리의 주장). 이 견해 역시 부모를 영혼의 창조자로 만들며 예수님의 무죄성을 위태롭게 만든다.

(3) 창조설 (創造說)

하나님은 각 사람의 영혼을 직접 창조하셨다. 그러나 그 창조의 시기는 잉태될 때인지, 그 후 어느 때인지 (임신 초기, 중기, 말기, 출생시?) 정확하게 결정할 수 없다 (아리스토텔레스, 제롬, 루터파, 칼빈의 주장). 이 견해는 개혁주의 노선의 보편적인 이론으로 인간의 육체와 영혼이 서로 다른 기원을 갖는다는 성경적인 증거 (전 12 : 7, 사 42 : 5, 슥 12 : 1, 히 12 : 9, 민 16 : 22)를 가지고 있다.

"나의 지은 그 영과 혼이 내 앞에서 곤비할까 함이니라 (for the spirit should fail before me, and the souls which I have made)" (사 57 : 16 하)

"사람 안에 심령을 지으신 자가 가라사대……" (슥 12 : 1 하)

문5. 사람의 영과 육의 기원은 각각 무엇입니까? (전 12 : 7, 사 42 : 5)

_____

문6. 부모가 그 자녀들의 영혼의 창조자가 아닌 이유나 근거는? (슥 12 : 1, 사 57 : 16)

_____

_____

문7. 선재설은 어디에 근거한 이론인가요?

_____

문8. 다음 중에 영혼의 창조설을 주장하지 않은 사람은? ( )
① 칼빈   ② 제롬
③ 오리겐   ④ 아리스토텔레스

4. 적용

영 (spirit)과 혼 (soul)에 대해서 간단히 설명하여 보십시오.

_____

_____

제 13 과
하나님의 형상(形像)

요절 골로새서 3 : 10, 에베소서 4 : 24

　인간의 도덕적 영적 상태를 말할 때 무엇보다도 먼저 인간의 원시상태를 고찰하는 것이 중요하다. 사람의 본질은 그가 하나님의 형상이라는 데 있다. 이 때문에 인간은 다른 모든 생물들과 구별되는 만물의 영장인 것이다.

1. 하나님의 형상인 인간
　인간은 하나님의 형상(image)을 따라 그의 모양(likeness)대로 창조되었다(창 1 : 26). 즉, 사람은 하나님의 형상을 가지고 있다(고전 11 : 7, 약 3 : 9, 창 9 : 6). 여기서 형상(체렘)과 모양(떼무트)은 근본적으로 서로 같은 의미를 갖고 있다(히브리어-반복대구법).
　'우리의 모양대로'(창 1 : 26)라는 말은 분명히 형상이 거의 같다든가 혹은 아주 비슷하다는 사실을 강조한 것이다. 그러므로 인간은 하나님을 닮은 존재이다. 곧 그 아들 셋이 아담을 닮았듯이(창 5 : 3) 하나님은 자신을 닮도록 사람을 만드신 것이다.
　구체적으로 하나님의 형상은 참된 지식과 의로움과 거룩함을 의미한다(골 3 : 10, 엡 4 : 24). 이것을 일명 '원의(原義-original righteousness)'라고 한다. 사람은 원래 정직하게(전 7 : 29) 또는 심히 좋게(창 1 : 31) 창조되었다.

문1. 인간은 어떻게 지으심을 받았습니까? (창 1 : 26-27)

_____

그 의미는 간단히 무엇인가요?

문2. 하나님의 형상은 구체적으로 무엇을 의미하고 있습니까? (골 3 : 10, 엡 4 : 24)

문3. 사람이 창조된 본래의 상태는 어떠했나요? (창 1 : 31, 전 7 : 29)

2. 개혁주의 하나님의 형상관

하나님의 형상은 인간의 본질에 속한다. '만일 하나님의 형상이 잃어버려지면 사람은 사람되기를 중지할 것이다'-맥퍼슨(Mcpherson)

그러면 성경적인 하나님의 형상관은 무엇인가?

(1) 자연적인 하나님의 형상(인격)

이것은 영혼의 단순성, 영성(spirit), 불가견성(不可見性), 불사성(不死性) 등의 성질들과 지·정·의의 심력(心力) 그리고 사람 스스로 의식하고 결정하는 능력을 말한다.

(2) 도덕적인 하나님의 형상(원의)

사람이 창조되었을 때 참된 지식과 의로움과 거룩함을 소유한 것이다. 또한 지성적, 도덕적인 완전 혹은 원의(原義)를 뜻한다.

(3) 외면적인 하나님의 형상(신체)

하나님의 형상은 사람의 신체(body)에도 반영(反映)되었다. 이것은 물질적인 육체가 아니라 영혼의 영생에 참여하는 기관(器官)과 하등 피조물계에 주관권을 행사하는 기구로서의 신체를 일컫는다.

(4) 권위적인 하나님의 형상(만물의 영장)

이것은 사람이 지상주관권을 가졌고(시 8 : 5-6, 계 5 : 10), 만물의

영장이라는 점이다. 이 주관권은 확실히 하나님의 최고 주권을 반영
(反映)하는 것이다 (히 2 : 5-9). 그리스도 안에서 구속받은 인류만이
만물 위의 주관권을 참으로 행사할 것이다.

문4. 창 9 : 6, 약 3 : 9에 의하면 타락한 인간이라 할지라도 아직
무엇을 소유하고 있나요? (고전 11 : 7)

_____

문5. 도덕적인 하나님의 형상이란? (골 3 : 10, 엡 4 : 24)

_____

문6. 인간은 어떤 실제적인 목적을 위하여 창조되었나요? (창 1 :
28)

_____

문7. 어떠한 사람만이 앞으로 만물을 주관하게 되나요? (눅 22 :
18-20, 행 3 : 21, 롬 8 : 18-23)

_____

3. 적용

인간이 하나님의 형상대로 지음받았다는 사실로부터 우리는 무
엇을 배우게 됩니까? (고후 4 : 4, 롬 8 : 29)

_____

_____

제 14 과
행위언약

요절 창세기 2 : 16-17

하나님의 언약(言約)은 하나님과 인간 사이의 상호 약속이며 동의이다. 인간과 맺으신 첫번째 언약은 행위언약이었다. 이것은 일명 '생명의 언약'이라고도 불리운다.

1. 행위언약의 정의

행위언약은 하나님께서 전 인류를 대표하는 첫 사람 아담과 더불어 세우신 엄숙한 협정이다. 곧 하나님은 그에게 순종을 조건으로 하여 영생(永生)을 약속하시고 불순종의 경우에는 영원한 사망으로써 형벌하실 것을 경고하신 것이다.

"여호와 하나님이 그 사람(아담)에게 명하여 가라사대 동산 각종 나무의 실과는 네가 임의로 먹되(freely eat) 선악을 알게하는 나무의 실과는 먹지 말라 네가 먹는 날에는 정녕 죽으리라 하시니라"(창 2 : 16-17)

"저희는 아담처럼 언약을 어기고…"(호 6 : 7)

이 언약이 '행위언약'이라고 불리워지는 것은 완전한 순종의 행위가 그 조건인 까닭이며 혹 '생명의 언약'이라고 칭호되는 것은 순종에 대한 상으로 생명이 약속되었기 때문이다.

문1. 행위언약의 내용은 무엇입니까? (창 2 : 16-17)

① _____

② _____

③ _____

문2. 행위언약에 비추어 볼 때 우리가 생명을 얻으려면 어떻게 해야 합니까? (신 30 : 16, 18-20)

_____

_____

2. 행위언약의 요소

(1) 언약의 당사자

삼위일체 하나님과 인류의 대표인 첫 사람 아담.

(2) 약속-영원한 생명

여기서 약속된 생명은 신체와 영혼(全人)이 거룩하고 복되고 영원하게 존재하는 것을 의미한다(한없는 축복과 영광의 상태).

(3) 조건

절대적 순종(완전하고도 무조건적인 순종).

(4) 형벌(벌칙)-영원한 사망

이 사망은 범죄로 말미암아 온 형벌로써 신체와 영혼의 분리, 그리고 그 결과로 주어지는 영원한 재난과 고통을 뜻한다. 즉, 육체적(전 12 : 7), 영적(마 8 : 22, 엡 2 : 1, 계 3 : 1, 딤전 5 : 6) 영원한 사망(계 20 : 6-14)을 모두 포함한다.

(5) 언약의 상징이나 보증

생명나무가 그 인호(印號)였다.

문3. 행위언약의 당사자는? (창 2 : 16-17)

_____

그러면 그 약속이나 조건은?

약속 _____

조건 _____

문4. 이 행위언약의 형벌이나 벌칙은 무엇입니까?

_____

그 상징이나 보증 또는 인호는?

_____

3. 행위언약의 유효성(有效性)

행위언약은 오늘날 우리에게 아직도 유효한가? 아니면 그 효력을 이미 상실하거나 폐기되었는가?

(1) 어떤 의미에서 행위언약은 해소(폐기)되었다.

이것은 은혜언약 안에 있는 사람들에게 그 의무를 부과할 수 없다는 의미이다(중보자 그리스도께서 자기 백성을 위하여 대신 이행 및 완수하셨다).

또한 행위언약은 영생을 얻기 위한 지정된 방법이나 수단으로써는 폐기되었다. 그 이유는 그것이 인간의 타락 이후에는 구원의 수단이나 방법으로써 무능력하기 때문이다.

(2) 다른 의미에서 행위언약은 폐기(해소)되지 않았다.

사람은 하나님에게 완전한 순종의 의무를 항상 지고 있다. 또한 범죄자에게 주어진 저주와 형벌은 죄 가운데 계속 살고있는 모든 사람들에게 아직도 그대로 적용되는 것이다. 그 조건적 약속(순종하면 영생을 얻는다)은 아직도 유효하다. 하나님은 이 약속을 취소하지 않으셨기 때문이다(레 18 : 5, 롬 10 : 5, 갈 3 : 12). 그러나 타락 이후에 그 누구도 능히 그 조건에 응할 수 있었던 사람은 하나도 없었다.

문5. 하나님께서 행위언약을 주신 근본 목적은? (레 18 : 5, 겔 18 : 9, 20 : 11)

_____

문6. 그러나 인류는 행위언약을 잘 지켰나요? (호 6 : 7, 롬 3 : 20)

_____

4. 적용

오늘날 우리에게 행위언약은 어떠한 의미를 갖고 있나요?

_____

_____

죄의 기원, 전가, 본질

요절 로마서 5 : 12

성경은 도덕적인 행위를 죄로 여기며 하나님의 율법을 어긴 것을 죄라고 명백히 가르치고 있다. 그러면 사람은 어떤 경로(經路)로 하나님의 율법을 어기고 죄인이 되었는가? 이 문제에 대하여 성경이 계시하고 있는 것은 무엇인가?

1. 죄의 기원

(1) 천사의 타락

죄는 최초로 지상에서 생긴 것이 아니다. 하늘에서, 하나님의 직접 면전(面前)에서, 그의 보좌 앞에서 일어났다. 즉, 본래 선하게 지음 받은 피조물인 어떤 천사가 교만한 마음을 먹고(딤전 3 : 6) 하나님보다 높아지려고 자기 지위를 떠남으로써 비롯되었다(벧후 2 : 4, 유 1 : 6). 이 범죄한 천사가 바로 사단인 것이다(요일 3 : 8).

(2) 인류의 범죄

인류역사에 죄의 기원은 낙원(에덴동산)에서 시조 아담이 시험을 받아 범죄함으로 말미암았다(창 3 : 1-6).

이 최초의 범죄는 뱀의 형태로 가장한 사단의 유혹에 의해 발생된 것이다. 타락 사건의 유혹자 뱀은 다만 사단의 도구였다(요 8 : 44, 롬 16 : 20, 고후 11 : 3, 계 12 : 9).

선악과를 먹음은 불신앙과 교만의 태도였고(지성), 하나님과 같이 되고자 하는 욕망의 발로였으며(의지) 마침내 금단의 열매를 따 먹음은 방종의 모습이었다(감정). 이는 아담과 하와가 하나님의 명령에 불순종하고 반역한 중대한 범죄 행위이다(창 2 : 16-17).

문1. 마귀의 근본적인 죄목은? (딤전 3 : 6)

_____

문2. 마귀의 주요 목적은 어디에 있나요? (요일 3 : 8)

_____

문3. 사단의 유혹의 세 가지 특색은? (창 3 : 6, 요일 2 : 16)
① _____
② _____
③ _____

2. 죄의 전가(轉嫁)

"이러므로 한 사람으로 말미암아 죄가 세상에 들어오고 죄로 말미암아 사망이 왔나니 이와 같이 모든 사람이 죄를 지었으므로 사망이 모든 사람에게 이르렀느니라"(롬 5 : 12)

첫 사람 아담은 전 인류의 머리이자 그의 모든 후손의 대표이다. 그러므로 아담의 죄책과 부패는 그의 모든 후손인 전 인류에게 그대로 옮겨졌다(전가). 여기서 죄책(guilt)이란 도덕적 과실이다. 즉, 오염이 아니라 공의를 만족시킬 법정적 책무(責務)를 의미한다. 하나님은 대표의 원리에 의해서 아담의 죄를 그 후손의 죄로 여기신다.

"모든 사람이 죄를 지었다"는 말은 아담의 최초 범죄에 모든 사람이 참여하였음을 말한다(롬 5 : 12).

문4. 첫 사람 아담의 죄명은 무엇입니까? (롬 5 : 19)

_____

문5. 전 인류는 어떻게 하여서 정죄와 심판을 받게 되었나요? (롬 5 : 16 상, 18 상)

_____

3. 죄의 본질

죄는 행동에서나 성향(性向)에서나 상태에서나 하나님의 도덕적 율법에 대한 불순종이다(벌코프).

죄는 하나님의 법을 순종함에 부족한 것이나 혹은 어기는 것이다 (소요리문답 14). 성경적인 죄관은 다음과 같다.

(1) 죄는 특별악(特別惡)이다.

즉, 인간이 직접 책임을 지고 인간을 정죄의 선고 아래 두게 하는 도덕적 악인 것이다.

(2) 죄는 절대적 성질을 가진다.

인간은 선에 서 있든지 악에 서 있든지 둘 중 어느 한 쪽에 서 있는 것이다(요 3 : 18, 눅 11 : 23, 약 2 : 10). 선과 악은 서로 대조적이다. 그 가운데 중립 지대는 존재하지 않는다.

(3) 죄는 항상 하나님과 그의 뜻(의지)에 관계되어 있다.

하나님의 율법에 대한 불일치(不一致)가 바로 죄이다-하나님을 반항하고 그 율법에 순응하지 않는 것(요일 3 : 4).

(4) 죄는 죄책과 오염을 내포하고 있다.

전자는 범죄의 객관적 결과로써 하나님의 공의에 대한 관계를 표현하고, 후자는 범죄의 주관적 결과로써 그의 거룩에 대한 관계를 가리킨다(욥 15 : 14-16).

(5) 죄는 그 자리를 마음에 두고 있다.

모든 범죄의 근원(좌소)은 바로 인간의 부패한 마음이다(막 7 : 21 -23).

(6) 죄는 외부적인 행위만이 아니다.

죄는 외적인 행동일 뿐만 아니라 역시 죄악된 습관이나 마음의 죄악된 상태 속에서도 존재한다(마 5 : 22, 28, 롬 7 : 7).

문6. 모든 범죄의 근원(출처)은 무엇인가요? (막 7 : 21-23)

문7. 죄는 항상 무엇과도 관련이 있나요? (요일 3 : 4)

4. 적용

하나님께서 죄의 존재를 허용한 것은 무슨 까닭인가요?
하나님은 어떻게 죄를 허용하셨습니까? (로마서 9장 참조)

① _____

② _____

제 16 과
죄의 구별, 내용, 형벌

요절 로마서 6 : 23

　　죄는 신학상 여러가지로 구별되고 그 내용 역시 단순하지 않고 복잡하다. 우리는 여기서 죄를 분류하고 간단히 살펴보도록 할 것이다.

　　우선 죄는 원죄와 본죄의 두 가지로 나누어진다.

1. 죄의 구별과 내용

(1) 원죄 (原罪)

　　모든 사람은 아담과의 관계로 인하여 타락 후 죄의 신분 (身分)과 상태 (狀態)에서 태어난다. 이 상태를 원죄라고 한다.

　　이 원죄는 두 가지 요소를 내포하고 있다-원시적 죄책과 원시적 오염.

　a. 원시적 죄책

　　　이것은 아담의 죄책 (罪責)이 우리에게 전가됨을 의미한다 (롬 5 : 12). 여기서 죄책이란 형벌받을 만한 가치 혹은 공과 (功過) 즉, 율법을 고의적으로 위반했기 때문에 하나님의 공의에 만족을 행할 책무를 말한다. 그러므로 우리는 본래 형벌을 마땅히 받아야 한다.

　b. 원시적 오염 (汚染)

　　　아담의 후손들은 그의 죄책뿐만 아니라 도덕적 오염을 상속받았다. 이 오염에는 전적 부패와 전적 무능력을 포함한다.

　1) 전적 부패 (全的 腐敗)

　　　인간의 영혼과 신체의 모든 기능과 부분들이 전적으로 더럽게 되었다.

"만물보다 거짓되고 심히 부패한 것은 마음이라"(렘 17 : 9)

2) 전적 무능력 (全的無能力)

이것은 타락한 사람은 그의 자연상태에서 영적으로 선한 것을 아무것도 행할 재능이 없다는 의미이다.

"내 속 곧 내 육신에 선한 것이 거하지 아니하는 줄을 아노니 원함은 내게 있으나 선을 행하는 것은 없노라"(롬 7 : 18)

(2) 본죄 (本罪)

본죄란 외부적인 행위의 죄뿐만 아니라 원죄에서 나오는 모든 의식적인 사고와 의지를 또한 의미한다. 원죄는 원인이요 본죄는 그 결과이며 원죄는 하나요 본죄는 여럿이 있다.

가. 본죄의 종류

1) 무식죄와 지식죄

죄인의 지식 정도에 의하여 그가 가진 지식의 기회와 그가 천부적으로 부여받은 재능에 의하여 죄책이 측량된다 (마 10 : 15, 눅 12 : 47-48, 롬 1 : 32). 이교도보다도 하나님의 특별계시를 알고 범죄한 사람들이 더 유죄하다.

"나 (예수)를 네게 (빌라도) 넘겨준 자 (가룟 유다)의 죄는 더 크니라 하시니"(요 19 : 11)

2) 연약죄와 고범죄 (故犯罪)

악한 의지의 역량에 따라 죄책이 측량된다. 구약은 고의적으로 방자히 범행한 죄와 부지 중에 즉 무식, 연약, 혹은 오류로 인하여 지은 죄 사이에는 중요한 구별을 두었다 (민 15 : 29-31).

"어떤 사람들의 죄는 밝히 드러나 먼저 심판에 나아가고 어떤 사람들의 죄는 그 뒤를 좇나니"(딤전 5 : 24)

문1. 원죄 (原罪)란 무엇을 의미하고 있나요? (시 51 : 5)

문2. 만물보다 거짓되고 심히 부패한 것은? (렘 17 : 9)

문3. 전적 무능력이란 어떠한 의미를 갖고 있습니까? (롬 7 : 18, 8 : 7-8)

문4. 어떠한 죄가 더욱 큰 죄입니까? (롬 1 : 32, 눅 12 : 47-48)

문5. 죄에 대한 성도의 올바른 태도는 어떠해야 할까요? (시 19 : 12-13)

　① _____

　② _____

문6. 절대로 용서받지 못할 죄는? (마 12 : 31, 히 6 : 4-6, 10 : 26-27, 요일 5 : 16)

2. 죄의 형벌

죄는 하나님의 율법을 위반한 것일 뿐만 아니라 동시에 그 입법주(立法主) 자신에 대한 공격이요 반역이다.

(1) 형벌의 개념

형벌은 하나님의 공의를 만족시키기 위해서 범죄자에게 가해지는 고악(苦惡)이다.

(2) 형벌의 구별

자연적 형벌-죄는 하나님과 사람 사이를 서로 분리시키고 죄책과 오염을 가져다주며 마음에 공포와 수치심을 일으킨다 (욥 4 : 8, 시 9 : 15).

"악인은 자기의 악에 걸리며 그 죄의 줄에 매이나니"(잠 5 : 22)

적극적 형벌-최고 입법주에 의하여 밖으로 가해지는 형벌로써 금생의 각종 수난과 내세의 지옥형벌같은 것이다(출 32 : 33, 레 26 : 21, 마 24 : 51).

"살아계신 하나님의 손에 빠져 들어가는 것이 무서울진저"(히 10 : 31)

(3) 형벌의 목적

형벌의 근본 목적은 하나님의 공의를 만족시키려는 데 있다. 죄에 대한 하나님의 진노는 그의 영원불변하는 거룩과 공의의 심판적인 표현이다.

"주께서 각 사람의 행한 대로 갚으심이니이다"(시 62 : 12)

(4) 형벌의 실제

성경에서 죄의 형벌 전부를 지시하는 하나의 말은 사망(死亡)이다(롬 6 : 23). 여기서 사망은 신체만의 죽음이 아니라 전인(全人)의 죽음을 의미한다. 곧 영적, 육체적, 영원한 죽음을 모두 포함하고 있다.

문7. 범죄한 인류에 대한 하나님의 형벌은? (창 3 : 19, 롬 6 : 23)

그 구체적 의미는 무엇입니까?

_____

_____

_____

3. 적용

징계와 형벌의 차이점은 어떠합니까? (삼하 7 : 14, 고전 11 : 32)

_____

_____

_____

제 17 과
은혜언약

요절 히브리서 9 : 15

　인류의 타락으로 말미암아 행위언약으로는 생명을 얻을 수가 없게 되어버렸다. 그리하여 주님은 두번째 언약을 맺으시기를 기뻐하셨다. 이 언약이 바로 은혜언약이다-언약의 형식으로 주어진 구원의 계획.

1. 은혜언약의 정의

　은혜언약은 성부 하나님과 선택받은 죄인들 사이에 맺은 협정이다. 하나님은 그리스도께 대한 신앙을 통하여 택한 자들을 구원하시고 죄인들은 그 약속을 믿음으로 받아들이며 새로운 순종심을 가지고 하나님께 헌신한다.

　소위 '영원한 언약'이라고도 부르는 이 은혜언약은(창 17 : 7, 히 13 : 20) 신·구약 성경의 중심교훈이라고 할 수 있다.

　신약은 새 언약, 구약은 옛 언약을 뜻하는데 내용이나 의미가 전혀 다른 두 언약이 아니라 한 은혜언약이 다른 방식으로 집행된 것에 지나지 않는다. 즉, 신·구약 성경은 모두 한결같이 예수 그리스도를 통한 구원(복음)만을 증거하고 있다. 타락한 이후 구원의 방법은 단 하나밖에 없다(복음 신봉).

문1. 신·구약 성경은 동일한 은혜언약의 내용을 나타내고 있나요? (창 3 : 15, 갈 3 : 8, 히 4 : 2, 6)

_____

문2. 그런즉 인류가 타락한 이후 구원의 유일한 방법은 무엇입니까? (행 15 : 11, 행 4 : 12, 요 3 : 16)

_____

2. 은혜언약의 내용

(1) 언약의 당사자
　성부 하나님과 선택받은 죄인들

(2) 핵심내용
　"내가 너희의 하나님이 되고 너희는 내 백성이 되리라"(렘 31 : 33, 겔 11 : 20)

(3) 조건과 그 약속
　조건-예수 그리스도께 대한 신앙(요 3 : 16)
　약속-영생(딛 1 : 2, 행 13 : 48)

(4) 은혜언약의 중보자
　예수 그리스도(히 7 : 22, 8 : 6)

문3. 은혜언약의 당사자와 그 핵심 내용은? (행 13 : 48, 렘 31 : 33)
　① 당사자 _____
　② 핵심내용 _____
　　_____

문4. 은혜언약의 조건과 약속은 각각 무엇입니까? (요 3 : 16, 딛 1 : 2)
　① 조건 _____
　② 약속 _____
문5. 은혜언약의 중보자와 그 보증인은 누구이신가요? (히 7 : 22, 8 : 6)

3. 은혜언약의 대상(참여자들)

언약 안에 있는 회원(membership)을 말할 때 순수한 합법적 협정인 언약과 생명의 교통인 언약은 반드시 서로 구별되어져야 한다.

(1) 언약 안에 있는 성인(成人)

장년들은 신앙과 고백을 통해서만 자원적으로 이 언약에 참가할 수 있다. 그렇게 되면 그들은 생명의 교통으로서의 언약으로 들어갈 수가 있는 것이다. 단, 그들의 신앙이 가식(거짓)이거나 그 고백이 허위일 때는 예외이다.

(2) 언약 안에 있는 신자들의 자녀

하나님의 약속은 신자들의 자녀들의 생애 속에서도 실현될 것이다. 신자의 자녀가 신앙에 반역하지 않는 한 그들은 새 생명을 소유하고 있다고 전제해야 할 것이다. 그러나 신자들의 자녀도 성장하여 어른이 되어 진정한 신앙고백으로 언약의 책임을 받아들여야 한다. 그렇게 하지 않으면 그들 자신은 계약(언약)의 파괴자가 되고 만다.

(3) 언약 안에 있는 거듭나지 못한 자

거듭나지 못하거나 회심하지 않은 자라도 언약 안에 있을 수 있다. 그들은 법적으로는 언약 안에 있으나 실제적으로는 생명의 교제인 언약 안에 머물러 있지는 않은 것이다. 예를 들면 이스마엘, 에서, 엘리의 두 아들, 유대인들은 언약의 백성들에게 약속의 후사들이었다. 그러나 언약의 본질적인 참여자들은 아닌 것이다.

문6. 누가 아브라함처럼 복음의 축복을 받을 수가 있습니까? (갈
　　 3 : 6-9)

문7. 하나님의 약속은 어떠한 사람들에게까지도 유효한가요? (행 2 : 38-39, 16 : 31, 눅 18 : 16)

_____

문8. 언약의 본질적(실제적)인 참여자는? (롬 9 : 6-8)

_____
_____

4. 적용

A. 예수 그리스도께서 십자가에 못박혀 죽으신 이유와 목적은? (히 9 : 15)

① 이유 _____

② 목적 _____

B. 이 은혜언약은 어떠한 사람들에게만 충분히 이루어지나요? (행 13 : 48, 렘 31 : 31-34, 히 8 : 8-12)

_____

그러면 은혜언약의 최종실현은 언제입니까? (계 21 : 3)

_____
_____
_____

제 18 과
구속언약

요절 에베소서 1 : 4-6

구속언약은 사람의 구원에 관한 성부 하나님과 성자 예수 그리스도 사이의 언약 혹은 의논이다. 이것은 은혜언약의 영원한 기초가 되고 있다. 그러면 구속언약이란 구체적으로 무엇인가?

1. 구속언약의 정의

구속언약은 성부와 성자 사이의 영원한 협정이다. 즉, 성부는 성자에게 선택받은 백성들을 주어 그들의 머리, 보증이 되게 하시고 성자는 자원하여 그들의 보증으로 그들을 대신하기로 하신 것을 말한다.

이 구속언약은 다른 말로 '평화의 의논(the Counsel of Peace)' 이라고도 부르는데 이 말은 스가랴 6 : 13에서 나왔다.

하나님은 창세 전에 그리스도 안에서 자기 백성을 선택하셨고 (엡 1 : 4, 딤후 1 : 9), 피택자들은 성부에 의해 성자에게 주어졌으며(요 6 : 37-40), 성령의 역사로 믿고 성화(聖化)되어 구원을 얻게 예정되었다(살후 2 : 13). 그러므로 구속의 경륜(계획)에 있어서 성부는 창시자, 성자는 집행자, 성령은 그 적용자이시다.

문1. 구속언약에 있어서 그리스도가 하실 일은 무엇입니까? (요 6 : 37-40)

_____

_____

문2. 구속의 계획이나 경륜에서 삼위 하나님의 각 역할은? (엡
　　1 : 4, 7, 13)
　① 성부 : ＿＿＿＿＿＿＿＿＿＿＿＿＿＿＿＿＿＿＿＿＿＿
　② 성자 : ＿＿＿＿＿＿＿＿＿＿＿＿＿＿＿＿＿＿＿＿＿＿
　③ 성령 : ＿＿＿＿＿＿＿＿＿＿＿＿＿＿＿＿＿＿＿＿＿＿

2. 구속언약의 내용(요소)

구속언약의 요소에는 당사자, 보증, 조건, 약속이 있다.

(1) 당사자

삼위일체 대표 성부 하나님과 모든 피택자들의 대표 성자 예수 그리
스도

(2) 보증

① 구속의 사역-죄인을 위한 보증으로 성자는 아담의 자리에 들어와
서 대신 형벌을 받아 죄를 속하신다.

② 무조건적 보증-그리스도께서 죄인의 죄책을 지시고 율법에 대한
형벌적 채무를 대신 이행하실 보증이 되신다.

③ 조건 (성자가 맡으신 사역)-이 언약의 조건은 성자가 성육신 (成
肉身)하시어 피택자들을 대신하여 율법을 지키고, 고난을 받아 죽으
시고, 구속을 실시하는 일이었다.

④ 약속 (성부가 맡으신 일)-그리스도의 구속사업이 성취되면 즉,
언약의 조건이 수행되면 약속된 상으로 그의 승귀 (昇貴-높아지심)와
그의 백성의 영생이 확보될 것이었다 (빌 2 : 9-12, 요 6 : 30, 40,
17 : 5).

문3. 구속언약은 누구와 누구 사이의 언약인가요? (엡 1 : 4, 딤후
　　1 : 9)

＿＿＿＿＿＿＿＿＿＿＿＿＿＿＿＿＿＿＿＿＿＿＿＿＿＿＿
＿＿＿＿＿＿＿＿＿＿＿＿＿＿＿＿＿＿＿＿＿＿＿＿＿＿＿

문4. 이 구속언약의 보증인은 누구이시며 그 의미는? (히 7 : 22)

_____

_____

문5. 그리스도께서 여자(마리아)에게서 나시고 율법 아래 탄생하신 목적은? (갈 4 : 4-5)

_____

_____

문6. 구속언약에서 성부가 맡으신 일을 간단히 표현하자면? (빌 2 : 9-12, 요 6 : 30, 40)

① _____

② _____

3. 적용

구속언약이 선택, 행위언약, 성례, 은혜언약과 가지는 관계들은 어떠한가요?

① 선택과의 관계

_____

_____

② 행위언약과의 관계

_____

_____

③ 성례와의 관계

_____

_____

④ 은혜언약과의 관계

_____

_____

기독론(基督論)

그리스도의 명칭
그리스도의 성품-신성과 인성
그리스도의 신분-비하(卑下)
그리스도의 신분-승귀(昇貴)
그리스도의 선지직(先知識)
그리스도의 제사직(祭司職)
그리스도의 왕직(王職)
그리스도의 속죄

제 19 과
그리스도의 명칭

요절 마태복음 1 : 21

성경에는 그리스도에게 쓰여진 이름들이 많이 있다. 그 이름들은 그리스도의 존재, 성품, 상태, 직책 등을 나타내주고 있다. 이들 이름 가운데 가장 중요한 다섯 가지 이름 곧 예수, 그리스도, 인자(人子), 하나님의 아들, 주(主)만을 살펴보도록 하자.

1. 예수(Jesus)

예수란 이름은 히브리어 '여호수아'(수 1 : 1, 슥 3 : 1) 또는 '예수아'(스 2 : 2)의 헬라어 형태이다. 이 명칭은 구원하다(to Save)를 의미하는 히브리어에서 파생된 것으로 그 의미는 '여호와는 구원이시다-Jehovah is salvation'라는 뜻이다.

그러므로 예수라는 이름은 개인적인 명칭으로서 그가 자기 백성을 저희 죄에서 구원할 자라는 의미를 갖고 있다(마 1 : 21).

문1. '예수'라는 말은 어떤 용어로부터 파생되었습니까? (수 1 : 1)

_____

그 의미는 무엇인가요?

_____

문2. 그러면 예수라는 이름의 구체적인 의미는? (마 1 : 21)

_____

_____

2. 그리스도(Christ)

그리스도라는 이름은 '기름부음을 받은 자-the anointed one'란 의미를 갖고 있다(메시야, 요 1 : 41). 구약시대에는 선지자(왕상 19 : 16), 제사장(출 29 : 7), 왕(삼상 10 : 1)은 성령의 상징인 기름부음을 받았다.

그리스도는 대제사장, 선지자, 만왕의 왕의 3가지 직무를 위해 성령으로 기름부음을 받으신 것이다. 역사적으로 이 기름부음은 그가 성령으로 잉태되었을 때와(눅 1 : 35), 특히 세례를 받았을 때 이루어졌다(마 3 : 16).

문3. 그리스도란 이름의 뜻은? (행 10 : 38, 요 3 : 34)

문4. 그런즉 그리스도란 이름의 보다 구체적인 의미는 무엇인가 요?

3. 인자(人子-Son of Man)

인자라는 이름은 예수께서 자신을 표현할 때 즐겨 쓰신 가장 통상적인 명칭이다. 이 명칭은 구약 다니엘 7 : 13에 근거한 이름이다. 물론 이 명칭은 그리스도의 인성(人性)을 나타내주고 있지만 동시에 그의 초인간적인 특성과 그가 위엄과 영광으로 하늘 구름을 타고 장차 다시 오실 것(재림)을 명확하게 암시해주고 있는 이름이기도 하다(마 16 : 27-28, 눅 21 : 27, 요 3 : 13, 14 : 6).

문5. 예수님이 평소에 가장 즐겨 쓰신 자신에 대한 칭호는? (눅 19 : 10, 요 3 : 13)

문6. 그러면 이 이름의 유래와 그 의미는? (마 16 : 27, 요 3 : 13 -14)

① 유래 _____

② 의미 _____

_____

4. 하나님의 아들(Son of God)

그리스도는 다음과 같은 의미 때문에 '하나님의 아들'로 불리워
지고 있다.

① 삼위 중 제 2위이시며 자신이 하나님이시기에(마 11 : 27,
26 : 63),

② 기름부음을 받은 메시야이시며 하나님의 후사와 대표자이시
며(마 24 : 36, 막 13 : 32),

③ 그의 탄생이 성령의 초자연적인 역사에 의한 것이기 때문이다
(눅 1 : 35).

문7. 예수 그리스도는 왜 하나님의 아들이라고 불리워지고 있습니
  까? (눅 1 : 35)

_____

_____

문8. 그 외에 또 다른 의미들은 무엇인가요? (마 11 : 27, 24 :
  36)

① _____

② _____

5. 주(主-Lord)

예수님 당시의 사람들은 우리가 선생님이란 말을 존칭어로 사용
하듯 이 명칭(주님)을 예수님에게 적용했다. 그러나 특별히 이 명
칭은 그리스도의 부활 이후에 그에게 쓰여진 이름으로 그가 교회의
소유주요, 통치자이시고(롬 1 : 7, 엡 1 : 17), 하나님과 동일하신

분이심을 나타내주고 있다(고전 7 : 34, 빌 4 : 4-5).

문9. 예수님 당시의 사람들은 그를 어떻게 부르고 있었습니까?
(눅 6 : 46)

_____

문10. 특별히 그리스도 부활 이후에 이 명칭은 어떠한 의미를 갖
게 되었나요? (롬 1 : 7, 막 12 : 36)

① _____

② _____

6. 적용

당신이 평소에 예수 그리스도께 대하여 즐겨 쓰고 있는 명칭(호
칭)은 무엇입니까?

_____

_____

제 20 과
그리스도의 성품 — 신성과 인성

요절 디모데전서 2 : 5, 로마서 9 : 5

성경은 하나님과 인간 사이에 단 한 분의 중보자(仲保者)가 있음을 가르치고 있다. 이 중보자는 신성(神性)과 인성(人性)의 두 가지 구별된 성품을 지니고 계신다. 그 분이 바로 육신으로 나타나신 바 된 예수 그리스도이시다(딤전 3 : 16).

1. 그리스도의 신성(Divine Nature)
구약성경은 그리스도를 전능하신 하나님, 영존(永存)하시는 아버지라고 칭하고 있다(사 9 : 6). 뿐만 아니라 그리스도 자신도 '하늘에서 내려온 자'(요 3 : 13), 혹은 '나와 아버지는 하나이니라'(요 10 : 30)라고 주장하셨다.

"나를 본 자는 아버지를 보았거늘 어찌하여 아버지를 보이라 하느냐?"(요 14 : 9 하)

신약의 사도들도 그리스도를 '하나님'이라고 고백하고 있다(빌 2 : 6 상, 롬 9 : 5, 요일 5 : 20). 그러므로 예수 그리스도는 하나님이심에 틀림없다.

문1. 그리스도는 언제부터 계신 분이신가요? (미 5 : 2, 요 8 : 58, 17 : 5)

문2. 예수께서 하나님의 아들이시라는 의미는? (요 5 : 17-18, 히 1 : 1)

문3. 사도 요한은 예수 그리스도를 어떻게 부르고 있나요? (요일 5 : 20)

2. 그리스도의 인성(Human Nature)

예수 그리스도는 여인의 후손이요, 다윗의 자손으로서 동정녀 마리아의 몸을 빌어서 태어나신 분이시다(마 1 : 16). 그는 자신을 '사람(man)'이라고 부르셨고(요 8 : 40), 다른 사람들도 역시 그를 그렇게 칭하였다(마 8 : 27, 9 : 8). 예수 그리스도는 인성(人性)의 본질적인 요소 곧 물질적인 신체와 이성적인 영혼을 아울러 소유하셨다(마 26 : 28, 히 2 : 14). 또한 인간의 정상적인 과정 곧 영아기, 유아기, 청소년기를 두루 거치셨고(눅 2 : 40, 52), 범사에 우리 인간들과 같이 기갈, 피곤, 수면, 사랑, 긍휼, 고민, 슬픔, 시험, 죽음 등을 겪으신 분이시다(히 4 : 15, 5 : 7). 그러나 예수 그리스도는 죄가 전혀 없는 의인이시다(벧전 2 : 22, 요일 3 : 5).

문4. 예수 그리스도는 자신을 어떻게 부르고 계십니까? (요 8 : 40, 눅 19 : 10)

문5. 그리스도께서 다른 사람들과 같이 진정한 인간이신 두 가지 근거는?
① (눅 24 : 39) _____
② (사 53 : 10, 마 26 : 38) _____

문6. 그러나 예수 그리스도께서 보통 사람들과 특별히 다른 점은? (요 8 : 46, 히 4 : 15)

3. 그리스도의 단일 인격(Unity of the Person)

"주 예수 그리스도는 하나님의 영원한 아들로서 사람이 되셨으니 그 후에 계속 한 인격 안에 두 가지 구별된 성품이 있어서 영원토록 하나님이시요 사람이시다"(소요리문답 21)

예수 그리스도는 완전한 하나님이요, 완전한 사람이다. 즉, 그는 인성과 신성의 본질적인 모든 면을 두루 소유하신 신인(God -man)이시다. 그가 죽은 자를 살리실 때도 여전히 사람이셨고, 갈증을 느끼고 통곡하실 때도 그는 언제나 하나님이셨던 것이다.

다만 동일한 한 인격 안에 두 가지 구별된 성품(신성과 인성)을 가지셨을 뿐이다. 이것을 '그리스도의 단일 인격'이라고 말한다.

문7. 예수 그리스도의 두 가지 성품은 무엇인가요? (딤전 2 : 5, 요일 5 : 20)

① _____

② _____

문8. 그리스도의 단일 인격을 간단히 설명해보십시오.

_____

_____

_____

4. 적용

예수 그리스도께서 신성과 인성을 아울러 취하셔야만 할 가장 타당한 이유는?

① _____

② _____

제 21 과
그리스도의 신분—비하(卑下)

요절 빌립보서 2 : 6-8

그리스도의 낮아지심(비하)은 두 가지 요소로 구분할 수가 있다. 첫째, 자기를 비우는 단계(虛己)로 우주의 주권적 통치자이신 그리스도께서 자신의 신적 위엄을 포기하시고 종의 형체로 인성(人性)을 취하신 것이며 둘째, 자기를 낮추는 단계(卑己)로 최고의 율법 수여자이신 그리스도께서 율법의 요구와 저주에 굴복하여 수치스러운 사망을 당하신 것이다(빌 2 : 7-8 참조).

1. 그리스도의 성육신(成肉身)

이것은 그리스도께서 인간의 몸을 입고 이 세상에 오신 사건이다. 곧 그가 인간의 육체와 영혼을 아울러 취하신 것을 의미한다(요 1 : 1, 14).

이 교리는 사 7 : 14, 마 1 : 20, 눅 1 : 34-35 등에 근거하고 있다. 성령께서는 마리아의 복중에 그리스도의 인성(人性)을 잉태케 하시되 처음부터 성별하여 죄의 오염을 면케 하셨다. 그러므로 예수 그리스도는 전 인류 가운데 유일하게도 전혀 죄가 없으신 의인이시다.

문1. 그리스도의 탄생의 특색은? (마 1 : 20 하, 눅 1 : 34-35)

문2. 그러면 성육신의 목적은 어디에 있나요? (마 20 : 28, 히 2 : 9)

2. 그리스도의 고난(Suffering)

그리스도의 전 생애는 수난의 생애였다. 특히 그의 고난은 끊임 없는 사단의 공격, 자기 백성의 증오와 불신, 원수들의 박해, 그의 고독감과 책임감 등 신체와 영혼을 포함하는 전인격적인 고난이 었다. 그는 실로 슬픔의 사람이었으며 우리의 질고(疾苦)를 아는 자이셨다(사 53 : 4). 그러나 이 모든 고난의 원인이 그 자신 때문에가 아니라 전적으로 우리의 죄악과 허물을 인함이라고 성경은 밝혀주고 있다(사 53 : 5).

문3. 그리스도가 당하신 고난의 의의는? (사 53 : 5-6)

문4. 그가 우리를 대신하여 고난받으신 목적은 어디에 있습니까?
(벧전 3 : 18)

3. 그리스도의 죽으심(십자가)

예수 그리스도는 법정의 선고를 받아 십자가에 피흘리심으로써 육체적으로 죽으셨다. 그의 죽음은 여러가지 의미를 갖고 있다. 만민의 죄의 형벌을 대신 받으신 죽음(요 1 : 29), 극한 고통과 부끄러움이 수반되는 죽음(히 12 : 2), 우리를 위해 율법의 저주를 기꺼이 받으신 죽음(갈 3 : 13)이었다. 특히 십자가에 못박혀 죽으셨다는 데 특별한 의의가 있다.

그것은 그의 죽음이 반드시 피흘리는 죽음(히 9 : 22), 뼈의 꺾음이 없는 죽음(요 19 : 36), 그리고 매장이 뒤따르는 죽음(사 53 : 9)이어야 했기 때문이었다(성경의 예언 성취).

문5. 그리스도의 죽으심은 어떠한 죽으심인가요? (행 2 : 36, 빌 2 : 8 하)

문6. 그러면 그 이유는 무엇인가요? (신 21 : 23, 갈 3 : 13)

4. 그리스도의 장사지냄(매장)

인간이 죽어서 흙으로 돌아가는 것은 죄의 형벌 가운데 일부이다 (창 3 : 19).

구주(救主)가 무덤에 머무르신 것은 그의 비하의 최종단계였다 (시 16 : 10, 행 2 : 27, 31, 13 : 34-35). 죄인(강도)이 그리스도와 함께 장사되었다고 성경은 말한다. 이것은 옛 사람을 떠남과 버림 또는 그 파멸을 의미한다(롬 6 : 1-6). 그리스도의 장사지냄은 구속받은 자를 위하여 무덤의 공포를 제거케 하신 사건이었다(히 2 : 14-16).

문7. 예수 그리스도께서 참으로 또는 실제적으로 죽으셨다는 두 가지 증거는? (막 15 : 44, 요 19 : 38-41)

① _____

② _____

문8. 그리스도의 시체(죽은 몸)는 그 후 어떻게 되었나요? (시 16 : 10, 행 13 : 34-35)

5. 적용

A. 그리스도의 수난(고난 당하심)은 우리에게 어떠한 유익을 끼쳐 주고 있습니까? (히 2 : 18, 5 : 7-9)

① _____

②_____

B. 그리스도의 매장(장사지냄)은 우리 구속받은 자들에게 어떠한
의미를 부여하고 있습니까? (히 2 : 14-16)

_____

제 **22** 과
그리스도의 신분―승귀(昇貴)

요절   빌립보서 2 : 9-11

중보자이신 그리스도는 현재 하나님의 완전한 사랑과 선하신 기쁨에 참여하여 이에 합당한 존귀와 영광의 자리에 오르셨다. 이것을 '승귀의 신분'이라고 하며 그의 부활, 승천, 하나님의 우편에 앉으심, 유형적 귀환(재림) 등이 포함된다.

1. 그리스도의 부활
"하나님이 주를 다시 살리셨고 또한 그의 권능으로 우리를 다시 살리시리라"(고전 6 : 14)

예수 그리스도는 금요일에 사망하여 매장당한 후 일요일 아침 죽은 자들 가운데서 신령한 몸으로 부활하셨다. 이것은 실로 신자의 부활의 전제이며 신자의 영과 육을 포함한 영생을 확증하는 근거이다(고전 15 : 20-22).

여기서 신령한 몸이란 비물질적이라는 의미가 아니라 성령에 의하여 전적으로 지배를 받는 몸이라는 뜻이다(고전 15 : 44). 그러므로 신자는 그리스도와 연합함으로 인하여 죄로 인해 죽은 것으로 간주하고 이제부터 부활하신 주님과 친교를 나누는 새로운 삶을 살아야 한다(롬 6 : 5-6, 12-14, 골 3 : 5).

문1. 우리 신자들의 부활은 무엇에 근거하고 있습니까? (고전 6 : 14, 고전 15 : 20-22)

문2. 그러면 부활체의 특색은? (고전 15 : 44)

_____
_____
_____

2. 그리스도의 승천(昇天)

"예수께서······ 손을 들어 저희에게 축복하시더니 축복하실 때에 저희를 떠나 하늘로 올리우시니"(눅 24 : 50-51)

승천(Ascension)이란 중보자 예수 그리스도의 인격이 그의 인성 (人性)에 의하여, 땅에서부터 하늘로 볼 수 있게(유형적으로) 올라가신 것을 말한다(행 1 : 11). 승천의 의의는 그리스도가 대제사장으로서 성부 하나님에게 완전한 제사를 드리기 위해 하늘의 지성소에 들어가신 것이며 신자들의 있을 곳(처소)을 예비함이며 신자들의 승천을 예고해주려는 데 있다(요 14 : 1-3, 엡 2 : 6, 요 17 : 24).

문3. 그리스도께서 승천하신 장소는 어느 곳인가요? (행 1 : 11 -12)

_____

문4. 그리스도의 승천의 의의는? (히 9 : 11-12, 요 14 : 2-3, 17 : 24)

① _____
② _____
③ _____

3. 하나님 우편에 앉으심

이것은 신학상 '재위(在位-Session)'라고도 부른다.

"주 예수께서 말씀을 마치신 후에 하늘로 올리우사 하나님 우편에 앉으시니라"(막 16 : 19)

여기서 하나님 우편(오른편)이란 권능과 영광의 자리를 상징한다. 지금 그리스도는 온 우주와 전 교회를 다스리시고 그의 완전한 희생에 근거해서 그 백성들을 위하여 항상 간구하고 계신다(히 7 : 24-25).

문5. 승천하신 예수 그리스도는 지금 어디에 계십니까? (막 16 : 19)

_____

문6. 그는 지금 거기서 무엇을 하고 계신가요? (히 7 : 24-25)

_____

4. 그리스도의 재림

"저리로서 산 자와 죽은 자를 심판하러 오시리라(from thence he shall come to judge the quick and the dead)"(사도신경 중에서)

구속주 어린 양 예수님은 장차 심판주 사자(lion)의 모습으로 다시 오실 것이다. 곧 예수 그리스도는 전 세계의 심판과 자기 백성의 구원을 완성하시려고 불원간(멀지 않은 장래에) 다시 오신다(마 16 : 27, 히 9 : 28).

그의 귀환은 분명히 육체적으로 볼 수 있게 오시되 영광스러운 강림이 될 것이다. 이것은 바로 그리스도의 구속사역의 완전한 승리의 절정인 것이다.

문7. 그리스도께서 이 세상에 다시 오시는 목적은? (히 9 : 28, 마 16 : 27)

① _____
② _____

문8. 그리스도의 재림하시는 모습은 어떠합니까? (즉, 그 양식은?)(행 1 : 11, 계 1 : 7)

_____

5. 적용

그리스도의 승귀(높아지심)의 신분은 어떠합니까? (소요리 문답
제 28 문 참조)

_____

_____

_____

제 23 과
그리스도의 선지직(先知職)

요절 신명기 18 : 18

성경은 그리스도에게 세 가지 직무 곧 선지자, 제사장, 왕의 직무가 있다고 가르쳐 준다. 이를 일명 '중보(仲保)의 삼직'이라고 한다. 예수 그리스도는 지금 만왕의 왕, 대선지자, 대제사장의 직분을 성실히 수행하고 계신다.

1. 선지자란 어떠한 사람을 의미하고 있는가?

신약에서 선지자를 '프로페테스'라고 칭하였다. 이것은 '프로(before-前)'와 '페미(discourse-言)'의 합성어이다.

그러므로 선지자란 하나님을 배경으로 하고 그 앞에서 열렬히 그의 말씀을 대언(代言)하는 사람이다(벧후 1 : 21).

"주 여호와께서 말씀하신즉 누가 예언하지 아니하겠느냐"(암 3 : 8).

여기서 하나님의 말씀은 비단 예언만이 아니라 모세의 율법에 밝혀진 하나님의 말씀까지를 포함하고 있다. 즉, 그 율법의 내용을 해설하며 현실에 재현(再現)케 하는 것이 선지자의 사명이다.

문1. 선지자란 어떠한 사람을 의미합니까? (암 3 : 8, 벧후 1 : 20
　　 -21)

───────────────

문2. 여기서 하나님의 말씀은 예언만을 뜻하고 있습니까? (벧후
　　 1 : 20, 계 1 : 3)

2. 선지자의 의무

"내 말을 그 입에 두리니 내가 그에게 명하는 것을 그가 무리에게 다 고하리라"(신 18 : 18).

선지자의 직무는 두 가지이다-피동적인 면과 능동적인 면.

즉, 선지자는 꿈과 환상과 언어 전달로 하나님의 계시를 받아 (피동) 그것을 구술적으로나(orally), 유형적 동작으로(visibly) 백성에게 전하는 것(능동)이다(민 12 : 6-8, 겔 3 : 1-4). 그러나 단순히 계시를 받은 것만으로는 아직도 선지자가 아니다. 선지자의 자격요건은 다른 사람들에게 하나님의 계시를 전달하라는 소명과 함께 성령의 영감을 받아야 한다는 점이다.

선지자의 가장 중요한 의무는 하나님의 뜻을 백성들에게 알려주는 것이다. 그리고 율법을 도덕적으로 영적으로 잘 해석해 주어서 죄를 회개하고 의의 길로 돌아오게끔 하는 일이다. 미래에 대한 하나님의 영광스러운 약속을 말하는 것도 선지자의 의무 중 하나이다.

문3. 거짓 선지자의 특징은 무엇인가요? (신 18 : 20, 겔 13 : 3, 17)

문4. 선지자의 가장 중요한 의무는?

3. 그리스도의 선지직

예수 그리스도는 가장 탁월하신 하나님의 선지자이시다(행 3 : 22-23).

"너희의 듣는 말은 내 말이 아니요 나를 보내신 아버지의 말씀이니라"(요 14 : 24)

그리스도는 그의 선지자 직분을 언어의 전달과 계시의 사실들을 가르치심으로써 수행하셨다. 이적, 성육신, 속죄, 부활, 승천 등은 모두 그리스도의 사실적인 교훈이었다. 구약시대에는 여호와의 천사로(간접적으로), 성육신하신 이후에는 그의 교훈들과 모범으로(직접적으로) 그 직분을 수행하셨다.

그리고 오늘날에는 신자들 안에 내주하시는 성령의 역사를 통하여 그 일을 계속하고 계신다. 그러므로 예수 그리스도는 현재 성부의 오른편에 앉아계시는 동안에도 우리의 최대의 선지자로 활동하고 계신 것이다.

문5. 선지자 예수 그리스도의 메시지의 출처는? (요 12 : 49-50, 요 14 : 10)

_____

문6. 오늘날 그리스도는 어떻게 그의 선지자 직분을 수행하고 계신가요? (고전 2 : 12-13, 막 16 : 20, 행 14 : 3)

_____

_____

4. 적용

A. 그리스도께서 선지자로서 하나님의 뜻을 우리에게 알려 주시는 두 가지 방법은? (벧전 1 : 10-12, 고전 2 : 13)

_____

B. 그러면 하나님의 말씀과 성령과의 상관관계는 어떠한가요? (엡 6 : 17)

_____

_____

제 **24** 과
그리스도의 제사직(祭司職)

요절 히브리서 2 : 17

선지자가 하나님을 사람들에게 소개하는 일을 하는데 반하여 제
사장은 백성을 하나님 앞에 나타내는 일을 한다. 즉, 선지자는 하
나님의 대표를, 제사장은 백성들의 대표를 각각 상징한다.
예수 그리스도는 그의 택한 백성들(모든 신자)을 대표하고 계신
대제사장이시다.

1. 제사장이란 어떠한 사람을 의미하고 있는가?

제사장은 하나님께 나아가는 백성의 대표자이다(히 5 : 1-2). 선
지자들은 도덕적, 영적 의무와 책임 또는 특권을 강조했으나 제사
장들은 의식의 준수를 강조하여 백성들로 하여금 하나님께 바로 접
근하라고 가르쳤다. 그러므로 제사장은 (a) 백성의 대표자로서, (b)
하나님의 임명을 받고, (c) 백성을 위하여 율법을 가르치고 중보기
도와 제사사역을 수행하고 축복하는 일 등을 행하는 자이다(히
5 : 1-5 참조). 따라서 제사장은 하나님의 특별하신 선택을 받아
그의 소유가 된 자이며(민 16 : 5, 히 5 : 4), 도덕적으로 순결하고
주께 거룩히 드린 바 된 자이다(레 21 : 6, 8, 시 106 : 16, 출
29 : 30-31).

문1. 아무나 제사장이 될 수가 있습니까? (히 5 : 4)

문2. 제사장의 기본적인 임무 두 가지는? (민 6 : 27, 신 21 : 5,

말 2 : 7)

그러면 제사장의 특이한 직무 두 가지는 무엇인가요 ?

2. 그리스도의 제사사역(희생)

구약의 유월절 양은 바로 예수 그리스도의 예표요, 그 상징이었다. 즉, 그리스도는 하나님의 어린 양이요(요 1 : 29), 우리의 유월절 양인 것이다(고전 5 : 7). 그가 자신의 생명을 우리 죄인을 위하여 내어주셨기 때문이다(막 10 : 45).

"친히 나무에 달려 그 몸으로 우리 죄를 담당하셨으니"(벧전 2 : 24)

그리스도의 제사사역은 특히 신약성경 히브리서에 가장 명백히 기술되어 있다. 여기서 중보자(仲保者)는 하나님의 임명을 받아 우리를 대신하여 자기를 희생하심으로 참되고 완전한 구속을 성취하시는 우리의 진실하고 영원하며 완전하신 대제사장으로 제시되었다(히 10 : 10-14).

문3. 하나님은 우리 무리의 죄악을 누구에게 떠맡기셨습니까 ? (사 53 : 6, 요 1 : 29)

문4. 그리스도께서 의인으로 이처럼 불의한 자를 대신하여 죽으신 목적은 ? (벧전 3 : 18)

3. 그리스도의 대언사역(중재)

그리스도의 대언사역(代言事役), 혹은 중재사역은 그의 속죄적 제사에 그 기초를 두고 있다. 즉, 제사사역의 계속이요 완성에 지나지 않는다(롬 8 : 24, 히 7 : 25, 9 : 24). 요일 2 : 2에 그리스도를 '보혜사(파라클레토스)'라고 부르고 있는데 이 말은 '돕기 위하여 부름을 받은 자', '타인의 소송을 변호하는 자'를 의미한다. 그리스도는 신자의 변호인으로서 사단을 대항하여 성부 앞에서 우리를 변호하시는 것이다(슥 3 ; 1, 히 7 : 25, 요일 2 : 1, 계 12 : 10).

그러나 그리스도는 그가 구속한 '모든 사람들만'을 위해서 대언(代言)하신다. 곧 그는 모든 피택자(all the elect)를 위하여 중보기도하고 계신 것이다(요 17 : 9, 20, 히 7 : 24-25, 롬 8 : 29, 33-34).

문5. 우리가 범죄할 때 누가 변호하실까요? (요일 2 : 1-2)

_____

문6. 그러면 그리스도의 중보기도(대언) 대상은? (요 17 : 9, 20, 히 7 : 24-25)

_____

4. 적용
A. 대제사장 예수 그리스도의 가장 중요한 두 가지 사역은? (히 2 : 17, 벧전 3 : 18)

① _____

② _____

B. 그리스도의 대언사역은 우리 신자들에게 어떠한 의미를 갖고 있습니까? (히 7 : 24-25)

_____

_____

_____

제 **25** 과
그리스도의 왕직(王職)

요절 요한계시록 11 : 15

그리스도는 모든 피조물 위에 가지시는 하나님의 주권에 참여하신다. 즉, 그의 보좌는 하늘에 설립되었고 그의 왕국은 만유(萬有)를 통치하신다(시 103 : 19). 이 왕권은 은혜의 왕국과 정권의 왕국으로 구별된다. 전자는 교회를 포용하는 특별행정이요, 후자는 우주전체를 포용하는 일반적인 행정이다.

1. 그리스도의 영적 왕권
(1) 영적 왕권의 성질

그리스도의 영적 왕권은 그의 백성과 교회에 대한 통치를 의미한다. 즉, 말씀과 성령에 의하여 신자의 마음과 생활을 지배하시는 것을 말한다. 그러므로 이 왕권은 폭력이나 기타 외면적인 방편에 의하여 행사되지 않는다(요 18 : 36-37). 이 영적 왕권의 직접적인 목적은 죄인의 구원하심에 있다. 그리스도는 교회의 머리요 왕으로서 유기적, 영적 방법으로 교회를 통치하신다.

(2) 영적 왕권이 미치는 영역

이 나라는 모든 구속받은 자들(전 교회)을 포함하며 교회에서 하나님의 영광을 나타내는 것을 목적으로 한다.

신약성경에서 하나님의 나라 혹은 하늘나라라고 부르는 것은 바로 이 그리스도의 영적 왕권을 뜻하고 있다. 이 하나님의 나라는 인간의 마음과 생활 가운데 나타나고 있는 현재적이며 영적인 실존인 동시에 (마 12 : 28, 눅 17 : 21, 골 1 : 13), 예수의 재림 때까지 실현되지 않을 미래적인 소망이기도 하다(마 7:21, 눅 22:39, 벧후 1:11)-하나님 나라의 현재성과 미래성.

(3) 영적 왕권의 기간

사실상 그리스도는 영원 전부터 왕으로 임명되어(잠 8:23, 시 2:6) 인간의 타락 후 즉시 그러한 기능을 시작하셨다. 그러나 승천하여 하나님의 보좌 오른편에 올리울 때까지 그는 왕위를 정식으로 또는 공적으로 받지는 못하였다. 그리스도의 영적 왕권은 그의 재림 이후에도 영원히 계속될 것을 성경은 명백히 가르치고 있다(시 45:6, 사 9:7, 단 2:44, 눅 1:33, 벧후 1:11).

문1. 하나님의 나라(그리스도의 영적 왕권)는 이 세상에 속했을까요? (요 18:36)

_____

그 이유는? (엡 1:20-22)

문2. 하나님의 나라(은혜의 나라)는 지금 어디에 있습니까? (눅 17:21, 골 1:13)

_____

한편 하나님의 나라는 언제 비로소 실현될까요? (마 19:23, 눅 22:29, 벧후 1:11)

_____

문3. 그리스도의 영적 왕권에 대한 유효기간은 언제까지인가요? (사 9:6-7, 단 2:44)

_____

2. 우주에 대한 그리스도의 왕권

예수 그리스도는 하늘과 땅의 모든 권세를 갖고 계신다(마 28:18). 이와 동일한 진리는 역시 엡 1:20-22과 고전 12:27에서도 나타나고 있다.

(1) 이 왕권의 성질

이것은 소위 '정권의 왕국'을 가리킨다. 즉, 만물이 다 빠짐없이 그리스도의 발 아래 복종하는 것을 말한다(고전 15 : 27, 히 2 : 8).

우주의 왕이신 그리스도는 현재 개인과 사회와 민족의 운명을 지도하신다. 또한 자기 피로 구속하신 백성의 영적 성장, 점진적 성화, 최종적 완전을 증진시킨다. 더욱이 자기 백성이 이 세상에서 겪는 위험에서 보호하신다. 이 왕권은 그리스도의 원수의 굴복(히 10 : 12-13, 고전 15 : 25), 하나님의 의의 증명(요 5 : 22-27, 9 : 39), 그의 교회의 완성을 목적으로 한다.

(2) 이 왕권의 기간

그리스도는 하나님의 오른편에 앉게 되었을 때 이 우주에 대한 왕권을 정식으로 받게 되었다. 그것은 그의 공로에 대하여 약속된 상급이었다(시 2 : 8-9, 마 28 : 18, 엡 1 : 20-22, 빌 2 : 9-11). 이 왕권은 왕국의 원수들에 대한 승리가 완성되고 사망이 폐지될 때까지 지속될 것이다(고전 15 : 24-28). 그 목적이 이루어질 때 그것은 (왕권) 성부에게 반환될 것이다.

문4. 예수 그리스도의 별명 두 가지는? (계 17 : 14, 19 : 16)

① _____

② _____

문5. 온 우주 만물은 장차 어떻게 될 것인가요? (고전 15 : 27, 히 2 : 8)

_____

문6. 우주에 대한 그리스도의 왕권이 성부 하나님께 반환되는 시기는? (고전 15 : 24-28)

_____

_____

3. 적용

은혜의 왕국과 영광의 왕국과의 관계는 어떠합니까? (마 12 :
28, 계 22 : 20)

_____

_____

_____

제 26 과
그리스도의 속죄

요절   요한1서 4 : 10

  속죄(贖罪)란 죄인이 하나님께로 돌아와 죄를 용서받고 신령한 교통을 할 수 있는 화목의 방법 곧 화해를 말한다. 이 낱말은 주로 그리스도의 공로에 의하여 이룩된 하나님과 인간 사이의 화해를 의미한다.

1. 속죄의 필요성

  하나님은 왜 그의 아들 예수 그리스도의 희생(피)을 요구하셔야만 했을까? 이에 대해 성경은 속죄의 원인을 대속(代贖)에 의하여 죄인을 구원하시려는 하나님의 뜻에서 찾는다(사 53 : 10, 골 1 : 19, 20). 이 하나님의 기쁘신 뜻은 그의 사랑과 공의의 성품에서 우러나온 것이다. 즉, 사랑은 죄인들에게 피할 길을 제공해 주었고(요 3 : 16), 공의는 율법의 요구에 응해야 한다고 가르쳐 주었다(롬 3 : 24-26).

  예수 그리스도의 십자가와 부활은 하나님의 사랑과 공의가 동시에 충족된 사건이다. 특히 그리스도의 십자가는 하나님의 사랑의 최고 확증인 것이다(롬 5 : 8, 요일 4 : 10).

문1. 속죄의 원인은 어디에 있을까요? (골 1 : 19-20, 사 53 : 10)

문2. 그리스도의 십자가는 어떠한 의미를 갖고 있습니까? (롬 3 : 25-26)

① _____

② _____

2. 속죄의 성질

(1) 하나님께 만족을 드렸다 (공의의 충족)

죄인의 경우에 있어서 속죄란 하나님을 달래어 범한 죄를 회개함으로써 그의 선한 사랑을 다시 얻으려는 데 이바지하는 것이다. 그리하여 하나님은 이제 죄인과 화해할 수가 있게 되었다 (롬 5 : 10).

(2) 대리적 (代理的) 속죄였다

하나님은 예수 그리스도를 대리자로 세워 사람 (죄인)을 대신케 하셨다. 이 대리자 예수 그리스도는 인류의 죄를 속하시고 영원한 구속을 이루어 놓으신 것이다.

"여호와께서는 우리 무리의 죄악을 그에게 담당시키셨도다" (사 53 : 6)

이 대리적 속죄는 우리 죄인에게 화목과 영생을 가져다 주었다.

(3) 속죄는 그리스도의 능동적, 수동적 순종을 내포한다.

능동적 순종이란 그리스도가 영생을 얻게 할 조건으로 죄인을 위하여 율법을 준수하신 것이다 (히 2 : 10-18, 5 : 8-10). 그리고 수동적 순종이란 그리스도께서 죄의 형벌을 담당하시고 그의 백성의 빚을 지불하심으로서 고난당하신 것을 의미한다 (사 53 : 6, 롬 4 : 25, 벧전 3 : 18, 요일 2 : 2).

문3. 하나님께서는 어떻게 자신과 우리를 화목하게 하실까요? 그 비결은? (고후 5 : 18-19, 골 1 : 19-22)

_____

문4. 우리 죄인들을 대신하여 죽으신 분은 누구이십니까? (고후 5 : 21, 딛 2 : 14, 벧전 3 : 18)

_____

문5. 그리스도의 수동적 순종의 의미와 그 결과는? (사 53 : 6, 롬 4 : 25)

문6. 한편 그리스도의 능동적 순종의 의미와 그 결과는? (고후 5 : 21, 롬 8 : 4, 갈 4 : 4-7)

---

3. 속죄의 범위

예수 그리스도께서는 누구를 위해서 죽으셨는가? 그의 속죄의 효과는 어떠한 사람에게 미치고 있나?

그리스도께서는 자기의 택한 백성들만을 실제적으로(actually), 또는 확실히(surely) 구원하시려는 목적을 가지고 죽으셨다(일명 제한 속죄).

그리스도의 사역의 효과는 속죄를 가능케할 뿐만 아니라 인간으로 하여금 하나님과 더불어 화목케하고 영원한 구원을 실제적으로 얻게한다(눅 19 : 10, 롬 5 : 10, 엡 1 : 7).

"이 악한 세대에서 우리를 건지시려고 우리 죄를 위하여 자기 몸을 드리셨으니"(갈 1 : 4)

성경은 그리스도가 어떤 제한된 수를 위하여, 곧 자기 백성(마 1 : 21), 자기 양(요 10 : 11, 15), 교회(행 20 : 28, 엡 5 : 25 -27), 그리고 피택자(롬 8 : 32-35)를 위하여 자기 생명을 버리셨다고 거듭 말하여 주고 있다.

그러므로 그리스도의 속죄의 죽음은 그와 함께 죽고 그와 함께 살아 새 생명에 참여하는 자들(피택자)만을 위한 것이다(고후 5 : 14, 롬 6 : 8-9 참조).

문7. 그리스도께서 누구를 위해서 죽으셨나요? (마 1 : 21, 요 10 : 15)

문8. 그런즉 그리스도의 속죄의 죽음의 효력은? (롬 6 : 8-9, 고후
5 : 14-15)

_____

_____

_____

4. 적용

그리스도께서 모든 사람을 위하여 죽으셨다고 말하는 성구들에
대한 가장 올바른 해석은 무엇입니까? (롬 5 : 18, 고전 15 : 22,
고후 5 : 14, 딛 2 : 11, 히 2 : 9)

① _____

_____

_____

② _____

_____

_____

구원론(救援論)

소명
중생
회심
신앙
칭의
양자
성화
견인
영화

제 **27** 과
소 명(召命)

요절 데살로니가후서 2 : 13-14

하나님은 죄인을 인도하여 그리스도인이 되게 하신다. 모든 그
리스도인은 하나님의 부르심을 입은 자이다(롬 1 : 6-7 참조). 이
것을 일명 소명 혹은 부르심(**Vocation & Calling**)이라고 칭한다.
이 소명은 외적으로는 복음전도에 의해서, 내적으로는 성령의 사
역에 의해서 주어진다.

1. 외적(外的) 부르심
이것은 흔히 복음의 외적 소명 혹은 보편적 소명이라고도 부른
다. 즉, 하나님의 말씀을 듣는 모든 사람에게 차별없이 임하는 부
르심이다. 이 외적 부르심은 보통 복음전도의 행위로써 표현된다
(막 16 : 15).

"자기 때에 자기의 말씀을 전도로 나타내셨으니······"(딛 1 : 3)

그러므로 외적 부르심은 죄인들에게 그리스도의 구원을 선포하
고 제시하는 것이다(정의). 곧 믿음으로 그리스도를 받아 사죄와
영생을 얻으라고 하는 열렬한 권면인 것이다(특색).

따라서 이 외적 부르심에는 다음과 같은 세 가지 요소가 내포되
어 있다.

(1) 복음의 사실과 구속의 교리(십자가와 부활)
(2) 회개와 믿음(구원 초대)
(3) 죄의 용서와 구원의 약속(사죄와 영생)

문1. 하나님께서 우리 죄인들을 부르시는 구체적인 방법은? (고전
1 : 21, 살후 2 : 13-14, 딛 1 : 3)

문2. 하나님의 부르심(외적 부르심)에 어떠한 제한 조건이 있을까
요? (행 2 : 39, 롬 9 : 24, 고전 1 : 26-29)

문3. 외적 부르심의 요소 가운데 복음의 사실과 구속의 교리는 무
엇을 의미하고 있습니까? (행 8 : 35)

문4. 구원 초대의 두 가지 요소나 내용은? (행 20 : 31)

문5. 십자가의 도(복음)가 온 인류에게 끼쳐주는 두 가지 역할
은? (막 16 : 15-16, 눅 2 : 34, 고전 1 : 18)

2. 내적(內的) 부르심

이것은 다른 말로 '유효한 부르심' 또는 '특별한 부르심'이라고도
한다. 간단히 말하면 죄인을 인도하여 구원받게 하시는 하나님의
진정한 부르심이다. 즉, 하나님은 그의 택한 백성을 이 유효한 부
르심으로 말미암아 구속의 참여자(The partakers of redemption)
로 만드신다.

그러면 하나님은 어떻게 우리 죄인들을 부르시고 계신가?

하나님은 모든 택함받은 사람들을 그의 말씀과 성령으로 말미암
아 가장 효과적으로 부르신다(마 10 : 20, 요 15 : 26).

이 내적 소명의 실제적인 목적은 성령께서 피택자(택함받은 자)
를 인도하여 구원에 이르게하는 것이다. 그러므로 이 내적 부르심
을 받은 사람은 반드시(surely) 구원받는다.

내적 부르심의 3대 특징은 아래와 같다.

(1) 성령의 역사를 통하여 하나님의 말씀이 구원적으로 (savingly) 적용된 부르심이다 (고전 1 : 23-24).
(2) 능력있는 부르심 곧 구원에 이르게하는 부르심이다 (행 13 : 48).
(3) 후회없는 부르심이다. 즉, 절대로 변경하거나 취소치 않는 부르심이다 (롬 11 : 29).

문6. 하나님은 어떠한 사람들을 부르시고 계신가요? (롬 8 : 30)
_____

문7. 이 하나님의 부르심 (내적 부르심)에 가장 효과적으로 응할 수 있는 사람은? (행 13 : 48)
_____

문8. 하나님의 부르심의 특색은? (롬 11 : 29)
_____
_____

문9. 내적 부르심 (일명 유효한 부르심)의 두 가지 수단이나 방편은? (마 10 : 20, 요 15 : 26)
① _____
② _____

3. 적용

A. 사도행전 16 : 14의 루디아의 경우에서의 내적 소명과 외적 소명을 간단히 설명하여 보십시오.
_____
_____

B. 하나님의 부르심과 택하심을 굳게 (sure)하는 비결과 이에 대한 하나님의 보상 내용은? (벧후 1 : 5-11)

① 비결 _____

_____

_____

② 보상 내용 ㉠ _____

　㉡ _____

_____

제 28 과
중생(重生)

요절 요한복음 3 : 3-5

사람은 누구나 거듭나야 비로소 하나님 나라에 들어갈 수 있을 뿐이다. 즉, 중생은 천국 입성의 필수조건인 것이다. 그 이유는 영적으로 다시 태어나 새로운 성품을 부여받은 자만이 하나님이 요구하는 신령한 생활을 영위할 수 있기 때문이다.

1. 중생의 정의

중생의 원어 '팔링게네시아'는 '파린'(again)과 '게네시스'(birth)의 합성어이다(딛 3 : 5). 글자 그대로 중생(重生)은 거듭나는 것, 혹은 다시 태어나는 것을 의미한다. 이것은 죄악으로 죽었던 영혼이 죽음에서 다시 살아나는 것이며(회생), 영적으로 다시 낳음을 받는 것(거듭남)이다. 곧 자기중심의 생활을 버리고 하나님 중심의 생활로의 전환이다.

신학적으로 중생(regeneration)은 새생명의 원리를 인간 속에 심어주고 그 사람 영혼의 지배적인 성향(性向)을 거룩하게 하시는 하나님의 행위라고 정의한다(요일 3 : 9, 벧전 1 : 23).

문1. 중생(重生) 곧 '팔링게네시아' 글자 그대로의 뜻은?

문2. 어떠한 사람이라야 하나님 나라에 들어갈 수 있습니까? (요 3 : 5-6)

문3. 중생의 정의에서 '새 생명의 원리'를 다른 말로 표현하여 보
   십시오. (벧전 1 : 23, 요일 3 : 9)

---

2. 중생의 본질

중생은 성령의 능력으로 예수 그리스도 안에서 새로운 삶을 사는
것이다.

(1) 중생은 근본적인 변화이다

   원리상 거듭남은 전 인격 곧 지성 (고전 2 : 14-15), 감정 (벧전 1 :
   8), 의지 (빌 2 : 13)에 그 영향을 미친다.

(2) 중생은 즉각적인 변화이다

   이것은 거듭남이 성화 (聖化)와 같이 점진적인 변화가 아니라 순간
   적으로 이루어지는 변화라는 뜻이다.

(3) 중생은 잠재의식 생활에서 일어나는 변화이다

   거듭남은 하나님의 은밀하시고도 측량할 수 없는 사역이므로 인간으
   로서는 절대로 직접 인식할 수 없고 다만 그 나타난 결과로써만 깨달
   을 수 있을 뿐이다 (요 3 : 8).

문4. 그리스도인은 자신이 거듭난 정확한 날짜나 시간을 알 수가
   있을까요? (요 3 : 8)

문5. 중생과 성화의 근본적인 차이점은?

문6. 아직 거듭나지 못한 자연인은 하나님의 은혜나 성령의 일을
   깨달을 수 있습니까? (고전 2 : 11-14)

3. 중생의 유효한 수단(動力因)

중생은 하나님의 성령의 직접적이고도 독점적인 사역이다(겔 11 : 9, 요 1 : 13, 행 16 : 14). 이것은 중생에 있어서 하나님만이 일하시고 죄인의 협력은 조금도 필요없다는 뜻이다. 그런데 중생은 두 가지 요소로 구분되고 있다-정화(淨化)와 갱신(更新).

"사람이 물과 성령으로 나지 아니하면 하나님 나라에 들어갈 수 없느니라"(요 3 : 5)

즉, 우리 심령이 오염으로부터 깨끗하여지는 것(물로 남)과 그것을 새생명으로 재창조하는 것(성령으로 남)이다(겔 36 : 25-26 참조).

그러므로 중생의 유효한 두 가지 수단이나 방편은 진리의 말씀 곧 복음의 말씀(약 1 : 18, 벧전 1 : 23)과 성령의 역사하심이다(요 3 : 5-8).

문7. 중생의 두 가지 요소는 무엇인가요? (요 3 : 5)

_____

문8. 그러면 디도서 3 : 5에는 어떻게 표현하고 있습니까?

_____

문9. 중생의 유효한 수단 즉, 동력인(動力因) 두 가지는? (벧전 1 : 23, 요 3 : 5-6)

① _____
② _____

4. 적용

A. 거듭난 사람(중생인)의 근본적인 성품은? 그 특색은? (요일 3 : 9, 5 : 18)

_____

B. 거듭난 사람의 바른 생활태도나 사고방식은 어떠해야 할까요?
(갈 5 : 26)

_____

_____

제 **29** 과 회심(回心)

요절 고린도후서 7 : 10

거듭남에서 이룩된 변화가 의식적인 생활 가운데 나타나기를 시작할 때 우리는 그것을 회심(conversion)이라고 부른다. 이 회심은 회개와 신앙의 두 가지 특징을 포함하고 있다. 즉, 회심의 소극적인 요소인 회개는 과거의 생활에서 돌이키는 것이요, 회심의 적극적인 요소인 신앙은 하나님께로 향하는 것을 각각 의미한다.

1. 회심의 정의와 종류

회심은 하나님께서 중생자로 하여금 자기의 의식생활에서 하나님께로 돌아와 믿음과 회개를 일으키게 하시는 행위이다. 넓은 의미의 회심은 일반적으로 악을 버리고 선을 향하는 것이다. 이것은 악한 길에서 돌이켜 떠나는 것(욘 3 : 10)이며, 이방 종교로부터 기독교로 귀의(歸依)하는 것(살전 1 : 9, 행 14 : 15)등을 말한다. 좁은 의미의 진정한 회심은 하나님의 뜻대로 하는 근심으로부터 출발하여 하나님께 헌신하는 생활로까지 인도해준다(고후 7 : 10). 이것은 지·정·의 전 인격적인 완전 변화, 질적 변화, 180도 방향전환인 것이다. 하나님은 사람들을 자기에게 전향시키시는 동시에(시 85 : 4, 렘 31 : 8, 애 5 : 21) 사람들을 향하여 돌아오라고 권유하신다(잠 1 : 23, 사 55 : 7, 겔 18 : 32).

문1. 회심의 두 가지 요소는 무엇입니까? (행 20 : 21)

① 소극적인 요소 _____

② 적극적인 요소 _____

문2. 진정한 회심의 특색은? (고후 7 : 10)

_____

문3. 성경에서 진정한 회심의 실례를 몇가지만 지적하여 보십시오.

_____

_____

_____

2. 회개의 요소

회개는 자신의 죄를 깊이 깨닫고(지), 슬퍼하고 미워하며(정), 버리고 하나님께로 돌아키는 것(의)이다. 그러므로 참된 회개의 3요소는 다음과 같다.

(1) 지성적 요소

이것은 생각(view)의 변화이다. 곧 과거의 생활이 죄와 오염과 무능력한 절망의 삶이었음을 인식하는 것이다(롬 3 : 20).

(2) 감정적 요소

이것은 감정(feeling)의 변화이다. 곧 거룩하시고 의로우신 하나님께 반역(대항)하여 범한 죄에 대하여 근심하거나 슬퍼하는 것이다(고후 7 : 9-10).

(3) 의지적 요소

이것은 목적(purpose)의 변화이다. 즉, 죄에서 떠나는 내적 전환(inward turning), 사죄(pardon)와 정화(cleaning)를 추구하는 성향(disposition)이다(행 3 : 19).

문4. 회개의 제1단계는 무엇입니까? (롬 3 : 20, 시 51 : 3)

_____

문5. 그러면 회개의 감정적인 요소는? (겔 6 : 9, 36 : 31)

문6. 마지막으로 회개의 결의적(의지적) 요소는? (렘 25 : 5, 행 3 : 19)

그 성경적인 실례는? (눅 15 : 18, 눅 23 : 42)
① _____
② _____

3. 회개의 필요성과 결과

회심의 경험은 구원에 절대적으로 필요한 조건인가?

하나님의 말씀에 지성적으로 응하기에 충분하게 성숙한 사람들은 그 말씀에 옳게 응답해야 비로소 구원을 얻을 수 있다. 즉, 회개는 일반 장년들에게 절대 필요한 구원의 조건인 것이다(눅 13 : 3, 5).

성경은 회개와 더불어 우리에게 '회개에 합당한 열매'를 맺으라고 명령하고 있다(마 3 : 8). 진정한 회개는 항상 성실한 자백을 수반한다. 이것은 은밀한 기도 중에 하나님께 우리의 모든 죄를 고백함이다(요일 1 : 9, 잠 28 : 13). 참된 회개는 죄로 인한 은혜의 상실과 잃어버린 영력을 회복시켜주기도 한다. 그리고 죄에 대항하며 항상 깨어있도록 해준다. 참으로 회개한 사람은 다시는 죄를 짓지 않도록 애쓰고 힘쓰는 자이다(요 5 : 14). 또한 하나님을 사랑하는 마음을 언제나 갖고 있는 사람인 것이다(신 30 : 6).

문7. 회개함이 없이 죄사함이나 용서받음이 가능할까요? (막 1 : 4, 눅 24 : 47)

문8. 우리의 회개에 대한 하나님의 은총은? (사 55 : 6-7, 히 8 : 12)

4. 적용

A. 참된 회개의 실례나 모습은? (엡 4 : 25-26)

B. 그러므로 성도의 올바른 사고방식이나 생활태도는 어떠해야 합
니까? (시 19 : 12-13, 139 : 23-24)

제 **30** 과
신 앙(信仰)

요절 요한복음 1 : 12

지난 과에서 우리는 회심의 소극적인 요소인 회개를 공부하였
다. 여기서는 그 적극적인 요소인 신앙을 살펴보도록 할 것이다.

신앙이란 죄와 그 결과로부터 구원받기 위하여 예수 그리스도께
자신을 의탁하는 것을 말한다.

1. 신앙의 종류

(1) 역사적 신앙

이것은 어떤 도덕적 영적 목적도 가지지 않고 순수하게 성경의 진리
를 지적으로 받아들이는 것을 의미한다 (마 7 : 26, 행 26 : 27-28, 약
2 : 19).

(2) 이적의 신앙

이적의 신앙이란 이적이나 기적이 자기를 위하여 (피동적 의미) 혹은
자기에 의하여 (능동적 의미) 행하여질 것이라고 믿는 개인적인 확신이
다 (마 17 : 20, 막 16 : 17-18, 요 14 : 9).

(3) 일시적 신앙

이 신앙은 양심의 어떤 자극이나 애정의 분발을 수반하고 있기는 하
나 중생된 마음에 뿌리를 박지 못한 종교적 진리에 대한 확신이다 (마
13 : 20-21).

(4) 참된 구원적 신앙

이 신앙은 그 자리를 마음에 두고 중생한 생활에 그 뿌리를 박고 있

는 신앙을 말한다. 즉, 구원적 신앙이란 성령으로 말미암아 마음에 생겨진 복음의 진리에 대한 확신이며 그리스도 안에서 행하신 하나님의 약속에 대한 성실한 신뢰이다.

문1. 구원적 신앙을 간단히 정의하자면?

문2. 그런즉 믿음의 결국은? (히 10 : 39, 벧전 1 : 9)

문3. 믿음을 얻는 두 가지 방법은 무엇입니까? (롬 10 : 17, 고전 12 : 9)
　①
　②

2. 신앙의 3요소
　신앙의 본질은 지식, 찬동, 신뢰의 세 가지 성분을 내포하고 있다.

(1) 지적인 요소(지식)
　이것은 기독교 진리에 대한 영적인 통찰을 말한다. 즉, 하나님의 약속에 근거한 절대적으로 확실한 지식이다(롬 10 : 17).

(2) 감정적인 요소(찬동)
　진리에 대해 최대의 확신을 지니는 것이다. 즉, 인격적 관심을 가지고 진심으로 찬동하는 것(hearty assent)을 말한다(진리를 수납하는 행위).

(3) 의지적인 요소(신뢰)
　구세주요, 주님이신 그리스도에 대한 인격적인 신뢰이다. 즉, 예수 그리스도를 진실로 믿고 의지하는 것을 의미한다.

문4. 신앙은 지식과 무관한가요? (엡 4 : 13)

문5. 복음의 말씀이나 진리가 듣는 자에게 은혜를 끼치지 못하는
이유는? (히 4 : 2, 6)

문6. 참된 신앙에는 무엇이 반드시 뒤따라야 합니까? (약 2 : 22,
26)

3. 신앙과 확신

신앙에는 항상 구원의 확신이 수반되어져야만 하는가? 즉, 확
신은 신앙의 본질인가, 아니면 신앙의 결과인가?

이같은 확신은 크게 두 가지로 구별할 수 있다-객관적 확신과 주
관적 확신.

(1) 객관적인 확신

이것은 일명 '신앙의 확신(히 10 : 22)'이라고 부르며 그리스도와 그
의 약속을 확실히 신뢰하는 것을 말한다(신앙의 참된 본질).

(2) 주관적인 확신

이것은 일명 '소망의 확신(히 6 : 11)' 혹은 '구원의 확신'이라고도
칭하며 각 신자가 죄사함을 받고 그 영혼이 구원을 얻었음을 확실히
깨달아 아는 상태를 말한다(신앙의 참된 결과).

문7. 이 세상에서 구원의 확신(일명 주관적인 확신)을 얻는 것이
가능할까요? (요일 5 : 13)

그러면 그 비결은 무엇입니까? (엡 1 : 13-14, 딛 1 : 2-3,
요일 5 : 11-12)

① _____

② _____

③ _____

문8. 객관적인 확신, 곧 신앙의 확신이란? (히 11 : 6)

_____

_____

4. 적용

구원의 확신을 잃어버리지 않고 계속 유지하는 비결은 무엇입니까?

① 딛 1 : 2, 히 6 : 17-18- _____

_____

② 시 51 : 12, 잠 28 : 13- _____

_____

③ 롬 8 : 16, 고전 2 : 12- _____

_____

제 31 과
칭의(稱義)

요절 고린도후서 5 : 21

인간은 하나님 앞에서 어떻게 의롭게 될 수 있는가? 우리는 어떻게 하나님과 바른 관계를 가지게 되겠는가?

이에 대한 답변은 이신칭의(以信稱義)이다. 곧 믿음으로만 의롭다 하심을 얻는다는 것이다.

1. 칭의의 정의와 요소

칭의는 사람을 의롭게 만들거나 또는 선하게, 거룩하게, 정직하게 만드는 것을 의미하지 않는다. 다만 하나님께서 예수 그리스도의 완전한 의(義)에 근거하여 죄인을 의롭다고 선언하시는 것이다 (롬 3 : 24, 8 : 33).

칭의의 요소에는 소극적인 요소와 적극적인 요소, 두 가지가 있다.

칭의의 소극적인 요소는 예수 그리스도의 전가(轉嫁)된 의를 기초로 해서 죄를 용서해주는 것이다. 칭의에서 베풀어지는 용서는 과거, 현재, 미래의 모든 죄에 적용되어 모든 죄책과 모든 형벌을 다 제거한다.

칭의의 적극적인 요소는 그리스도의 능동적인 순종에 근거한 영생의 청구권이다. 즉, 하나님의 자녀가 되고 영생의 후사가 되는 것을 말한다.

문1. 하나님 앞에서는 누가 의인입니까? (롬 2 : 13, 갈 3 : 10)

문2. 율법의 행위로 하나님 앞에서 의롭다 하심을 얻을 수가 있을 까요? (롬 3 : 20)

　

그러면 사람이 의롭게 되는 유일한 비결은? (행 13 : 39, 롬 3 : 26)

문3. 누가 우리를 의롭다고 선언하고 계신가요? (롬 8 : 33)

2. 칭의의 근거와 방편

칭의의 근거는 인간의 미덕이나 선행이 결코 아니다. 인간의 미덕이나 선행은 이 세상에서 불완전하며 신자의 가장 최선의 행위일지라도 이미 죄에 의해 오염되어 있기 때문이다. 칭의의 유일한 근거는 바로 예수 그리스도의 의와 그의 순종하심이다(롬 5 : 19 하).

"그러면 이제 우리가 그 피를 인하여 의롭다 하심을 얻었은즉 ……"(롬 5 : 9 상).

하나님은 자기 아들의 의로 옷 입혀진 자를 기뻐받지 않을 수 없다. 그런데 성경은 말하기를 우리가 믿음으로 말미암아(through faith), 믿음으로(by faith) 의롭다 하심을 얻는다고 한다. 신앙만으로 말미암은 칭의야말로 복음의 핵심인 것이다.

"이제는 율법 외에 하나님의 의가 나타났으니…… 곧 예수 그리스도를 믿음으로 말미암아 모든 믿는 자에게 미치는 하나님의 의니 차별이 없느니라"(롬 3 : 21-23)

예수 그리스도를 믿는 신앙만이 칭의의 유일한 방편일 뿐이다.

문4. 예수 그리스도는 이전에 (과거에) 한 번이라도 죄를 지은 적

이 있을까요? (고후 5 : 21, 요일 3 : 5)

_____

그런데 우리 죄에 무슨 일이 생겼습니까? (사 53 : 6, 고후 5 : 19-21)

_____

_____

문5. 반면에 하나님께서는 우리에게 무엇을 주십니까? (롬 3 : 21 -22, 고후 5 : 21)

_____

어떻게 그것이 우리의 소유가 될 수 있나요? (롬 3 : 22, 26, 28, 4 : 5, 24)

_____

문6. 그렇다면 칭의의 유일한 근거는 무엇인가요? (롬 5 : 8, 19)

_____

3. 적용

A. 칭의의 비결이나 방법은 신·구약이 어떤 차이점을 갖고 있습니까? (갈 3 : 8-9, 롬 4 : 9-11, 창 15 : 6)

_____

_____

B. 하나님께서 예수 그리스도를 화목제물로 삼으신 이중적인 목적은? (롬 3 : 25-26)

① _____

② _____

제 32 과
양자(養子)

요절 요한복음 1 : 12, 로마서 8 : 15-16

우리가 한 가정에 일원이 되는 방법은 두 가지이다 - 출생과 양자
전자는 자연적인 탄생에 의한 것이고, 후자는 법적인 행위에 의
한 것이다. 우리는 하나님의 은혜로 곧 양자 삼으심으로 인하여 값
없이 하나님의 자녀가 될 수 있다.

1. 양자의 의미

양자(養子)는 그 용어가 분명히 나타내듯이 외부의 사람(세속
인)을 하나님 자신의 가족으로 옮기는 행위이다. 즉, 전에는 본질
상 진노의 자녀요, 어두움의 자녀요, 사단의 자녀들이었던 자들이
(엡 2 : 3, 요 8 : 44) 이제는 주 안에서 빛의 자녀요, 하나님의 자
녀가 되는 것을 말한다.

로마서 8 : 15에 나오는 양자(휘오데시아스)는 글자 그대로 '아
들로 세운다'는 의미를 갖고 있다(휘오스＋데시스). 이것은 확실히
은혜와 특전의 극치(절정)이다. 이 양자에 의하여 구속(救贖)받은
자는 비로소 하나님의 자녀가 된다.

문1. 양자(휘오데시아스)는 글자 그대로 어떠한 의미를 갖고 있나
요? (롬 8 : 15)

_____

문2. 양자의 정의를 간단히 내려보십시오.

_____

_____

문3. 그리스도인의 과거와 현재 사이의 차이점은? (엡 5 : 8-9)

2. 양자의 방법(수양의 절차)

"영접하는 자 곧 그 이름을 믿는 자들에게는 하나님의 자녀가 되는 권세를 주셨으니"(요 1 : 12)

사람은 누구나 하나님의 아들 우리 주 예수 그리스도를 믿음으로 영접함으로써 하나님의 자녀가 될 수가 있다. 이것을 일명 '수양(收養)의 은혜'라고도 부른다. 이같은 양자의 과정(수양의 은혜)을 통해서만 우리는 하나님을 아버지로 알 수 있으며, 자신의 아들됨을 확신할 수가 있는 것이다.

죄인들은 수양의 은혜로 인하여 하나님의 후사가 되어(롬 8 : 17) 금생에서 구원의 모든 행복을 누리고(갈 3 : 14, 4 : 6) 내세에서 영원한 생명을 소유한다.

문4. 우리가 하나님의 자녀가 되는 비결은 무엇인가요? (요 1 : 12, 갈 3 : 26)

문5. 그러면 이처럼 하나님의 자녀라 일컬음을 받은 그 근본적인 요인은? (요일 3 : 1)

문6. 하나님의 자녀 특히 그의 아들 양자에게 주시는 은총(선물) 은? (갈 4 : 6)

3. 하나님 아버지(父格)의 의미

"우리는 한 아버지를 가지지 아니하였느냐 한 하나님의 지으신 바가 아니냐"(말 2 : 10)

여기서 아버지란 하나님을 뜻하는데 구속과 양자에 의하여 이루어지는 특수관계를 표현한 것이다. 즉, 예수 믿는 자들과의 가장 특별하고도 친밀한 관계를 나타낸다.

하나님은 양자 행위로 그에게 속한 자들의 아버지가 되신다. 신격의 제1위인 성부께서는 우리 주 예수 그리스도의 하나님이요, 아버지이실 뿐만 아니라 예수의 이름을 믿는 우리들의 하나님이요, 아버지이시다(마 6 : 9, 요 20 : 17, 롬 1 : 7, 살후 2 : 16)

문7. 우리가 하나님의 자녀임을 누가 증거하여 주십니까? (롬 8 : 16)

그러나 양자 삼으심의 최종 실현은 언제인가요? (롬 8 : 23)

문8. 그럼에도 불구하고 그리스도인의 현재 신분이나 지위는 어떠합니까? (요일 3 : 1-2)

문9. 하늘에 계신 우리 아버지(마 6 : 9)의 참된 의미는? (요 20 : 17, 갈 4 : 6 참조)

4. 적용

A. 모든 사람이 다 하나님의 자녀 혹은 양자인가요? (요1 : 12, 갈 3 : 26)

B. 그러면 당신이 하나님의 아들(양자)임을 확실히 깨달을 수 있는 근거는? (롬 8 : 15-16, 고후 1 : 21-22, 갈 4 : 6)

제 **33** 과
성화(聖化)

요절 베드로전서 1 : 15-16

거룩하여지지 않고서는 아무도 다시 오시는 예수 그리스도를 맞이할 수가 없다(히 12 : 14). 이 거룩함은 하나님을 두려워하는 자만이 얻을 수 있는 성령의 은혜의 산물이다(고후 7 : 1). 거룩함의 마지막이 영생인고로 그리스도인들은 모두가 다 반드시 거룩해져야만 한다(롬 6 : 22).

1. 성화의 의미

성화는 히브리어 '카다쉬'로부터 유래되었는데 그 뜻은 '자르다 (to cut)'이다. 즉, 성화의 근본적인 개념은 세상으로부터 구별되어 하나님께 헌신하는 것이다(분리, 성별).

거룩하다는 것은 곧 하나님께 속한다는 의미와 동일하다.

성화는 성령께서 죄인을 죄의 오염에서 깨끗하게 하시며 그의 전 성품(본성)을 하나님의 형상으로 새롭게 하시는 것이다. 그 결과 죄인은 선한 일을 행할 수 있게끔 된다.

곧 거룩하게 하심(성화)은 신체와 영혼은 물론이요, 지·정·의를 포함하는 전 인격이 날마다 하나님의 형상을 닮아가는 것을 의미한다.

문1. 우리 신자들이 반드시 거룩해져야만 할 이유나 근거는? (레 19 : 2, 벧전 1 : 15-16)

문2. 성화(聖化)란 무엇입니까? 그 정의는? (골 3 : 10, 엡 4 : 23-24)

2. 성화의 두 요소와 성질

성화는 하나님의 초자연적인 사역이다. 그것은 두 부분으로 되어있다.

(1) 옛 사람의 억제(금욕 또는 굴복)

성화의 소극적인 면은 죄악으로 인한 인간성의 오염과 부패가 점진적으로 제거되는 것이다. 즉, 죄에 대하여 점점 죽는 것이다(롬 6 : 6, 갈 5 : 24).

(2) 새 사람의 태동(소생 또는 갱신)

성화의 적극적인 면은 영혼의 거룩한 성향(性向)이 강화되어 그 거룩한 실천이 증진되는 것이다. 즉, 의에 대하여 점점 사는 것이다(롬 6 : 11, 갈 2 : 19).

성화는 지성(렘 31 : 34, 요 6 : 45), 의지(겔 36 : 25-27, 빌 2 : 13), 감정(갈 5 : 24) 그리고 양심(딛 1 : 15, 히 9 : 14)에 그 영향을 미친다. 인간은 이 성화의 사역에 반드시 협력해야 한다. 곧 악마와 유혹에 대항하여 싸우는 태도가 요청된다.

문3. 성화의 기본적인 두 요소나 부분은? (롬 6 : 11, 13)

①

②

문4. 성화는 본질적으로 누구의 사역인가요? (살후 2 : 13)

그러나 인간(신자)에게도 반드시 요청되는 것은? (롬 12 : 9, 고전 6 : 9-10, 갈 5 : 16-18, 히 12 : 4)

_____

_____

3. 성화의 목표와 완성

성화의 목표는 모든 죄를 제거하고 하나님의 아들의 형상을 완전히 닮아서 주께서 거룩하심같이 거룩하여지는 데 있다. 그러나 신자의 성화는 내세에서 완성될 것이니 영혼에 대하여는 죽음의 순간이나 그 직후에(히 12 : 23), 신체에 대하여는 부활할 때에(빌 3 : 21) 각각 완성될 것이다.

이 성화의 수단 혹은 방편들은 하나님의 말씀(특히 10계명), 성례(세례와 성찬), 하나님과의 영적 교통(기도와 묵상), 하나님의 섭리적인 지도하심 등이 있다.

문5. 성화의 완성은 언제입니까? (고후 3 : 18, 요일 3 : 1)

_____

문6. 성화의 대표적인 두 가지 수단이나 방편은? (요 17 : 17, 벧전 1 : 2)

① _____

② _____

4. 적용

A. 우리가 옛 사람과 그 행위를 벗어버릴 수 있는 근거는 무엇입니까? (골 3 : 9-10)

_____

B. 어떠한 사람이라야 자신을 능히 깨끗하게 할 수 있나요? (히 12 : 14, 요일 3 : 1-3참조)

_____

그러면 거룩함에 이르는 실제적인 방법 한 가지는? (롬 6 :
19, 22)

제 **34** 과
견인(堅忍)

요절 빌립보서 1 : 6

하나님의 부르심을 받고 의롭다 하심을 받았던 자가 다시 타락하여 영생에 이르지 못할 수가 있을까? 절대로 그럴 수 없다.

그 이유는 하나님께서 비록 지극히 연약한 신자라도 그 심령에 견인의 은혜를 주시어서 최후적인 배교로부터 확실히 보호하시기 때문이다(살후 3 : 3, 딤후 4 : 18)

1. 성도의 견인이란

성도의 견인은 다른 말로 '궁극적인 구원'이라고도 한다. 이것은 신자가 아무리 죄와 불신앙 가운데 떨어져도 안전하다는 의미가 아니다. 이 말은 성부의 유효적 소명으로 그리스도와 연합하고 성령에 의하여 그리스도가 내주(內住)하시는 그 성도들은 반드시 끝까지 견딜 것이라는 사실을 의미한다.

"그러나 끝까지 견디는 자는 구원을 얻으리라"(마 24 : 13)

하나님께서는 견인의 은혜를 통하여 성도를 확실히 보호하신다(벧전 1 : 5). 그러므로 성도의 견인이란 성령께서 신자의 마음 속에서 하나님의 은혜의 역사를 시작하고 계속하여 마침내 그것을 완성하시는 것을 말한다(빌 1 : 6).

문1. 성도의 궁극적인 구원은 하나님의 어떠한 성품에 기인하고 있습니까? (롬 9 : 22, 벧후 3 : 9, 15)

_____

문2. 그런즉 누가 반드시 구원을 얻게 될까요? (마 24 : 13, 눅 21 : 19)

문3. 우리 신자들이 영영 하나님을 떠나버릴 수 없는 이유는? (신 30 : 6, 렘 32 : 40)

2. 성경적인 증언

성경은 견인의 교리를 직접적으로 입증해주고 있다(요 10 : 28 -29, 빌 1 : 6, 살후 3 : 3, 딤후 4 : 18).

"내가 저희에게 영생을 주노니 영원히 멸망치 아니할 터이요, 또 저희를 내 손에서 빼앗을 자가 없느니라"(요 10 : 28)

그리스도의 공로와 중보사역은 언제나 그 효력이 확실하다(요 11 : 42, 히 7 : 25). 신자는 현재에도 구원의 확신을 얻을 수 있지 않은가! (히 3 : 14, 6 : 11, 10 : 22, 벧후 1 : 10)

그러므로 어떠한 경우에 있어서도 신자가 은혜에서 떨어지는 일은 전혀 있을 수 없다. 가장 선량한 신자라도 일시 배교하는 일이 있다. 그러나 진정한 신자가 아주 타락하는 일은 결코 없다.

문4. 신자의 구원은 어떻게 확실히 보증되고 있습니까? (엡 1 : 13 -14, 고후 1 : 21-22)

문5. 구원의 확실성에 대한 또 다른 근거는? (히 7 : 24-25)

문6. 하나님 나라에 넉넉히 들어가고 언제든지 실족지 않는 비결은? (벧후 1 : 10-11)

3. 견인에서의 기도와 시험

(1) 견인과 기도

우리는 기도없이 견인을 생각할 수 없다. 기도의 능력은 하나님의 긍휼에 완전히 의뢰하여 기다리는 일이다. 특히 성도의 견인은 그리스도의 대언기도에 가장 밀접하게 연관되어 있다(히 7 : 24-25). 대제사장 예수 그리스도의 대언기도는 우리의 연약, 시험, 죄악된 성품, 심지어는 죄악된 행동에도 병행한다. 즉, 우리의 전 생활은 이 대언기도에 의해서 보전된다.

(2) 견인과 시험

시험의 원천은 사람 마음속의 욕심이다. 그리고 시험의 기원은 마귀의 유혹에 기인한다. 그리스도의 재림 때까지 교회는 여러가지 시험을 당할 것이 분명하다(마 24장). 마귀가 우는 사자 같이 삼킬 자를 찾고 있기 때문이다(벧전 5 : 8). 그러므로 성도들은 믿음으로 마귀를 대적하고 각종 시험에 대항하여야 한다(엡 6 : 13, 16).

문7. 예수님을 세 번 씩이나 부인했던 베드로가 회개하게 된 그 배경이나 근거는? (눅 22 : 31-32, 61-62, 히 7 : 24-25)

_____

문8. 시험의 원천과 기원은 각각 무엇입니까? (약 1 : 14, 계 20 : 10)

① 원천 _____

② 기원 _____

그러나 하나님의 특별 대책은? (고전 10 : 13)

_____

_____

4. 적용

A. 성도의 견인은 어디에 근거하고 있습니까? (웨스트민스터 신앙

고백 제17장 2항 참조)

_____
_____
_____

B. 그러면 죄에 빠져서 은혜에서 멀리 떠난 신자가 과연 있을까
요? (요일 2 : 18-19)

_____
_____
_____
_____

제 35 과
영화(榮化)

요절 고린도후서 3 : 18

영화는 구속 적용의 마지막 단계이다. 실로 전 구속 과정의 완성
이다. 즉, 로마서 8 : 29-30에 기록된 바울의 구원 서정의 마지막
과정인 것이다. 그러면 영화란 참으로 무엇이며 또 어떻게 실현되
는가?

1. 영화의 구성과 시기

영화는 하나님의 자녀들이 영혼과 신체가 아울러 죄와 사망의 세
력으로부터 완전히 해방되는 구속의 최종 완성을 지시한다. 그러
므로 영화의 두 부분은 성화의 완성과 신체의 완전 구속(부활)이
다. 우리의 낮은 몸이 그리스도의 영광스러운 몸과 같이 되고(빌
3 : 21), 우리의 영혼이 부활 승천하신 구속주(救贖主)의 형상과
같이 될 때(요일 3 : 2, 고후 3 : 18) 비로소 전인(全人)적인 완전
한 구속이 이루어지는 것이다.

그 날에는 우리의 신체와 영혼이 아울러 그리스도와 같아질 것이
다.

"그가 나타내심이 되면 우리가 그와 같을 줄을 아는 것은 그의
계신 그대로 볼 것을 인함이라"(요일 3 : 2)

문1. 구원 서정(구원 적용)의 마지막 단계는 무엇입니까? (롬 8 :
29-30)

문2. 영화의 두 부분은? (롬 8 : 23, 히 12 : 23)

_____

문3. 우리 영혼은 언제 그리스도의 형상으로 변화되나요? (고후
3 : 18, 요일 3 : 1-3) _____

그 때에 우리의 낮은 몸은 어떻게 될까요? (빌 3 : 21)

_____

_____

2. 영화와 관련된 사건들

성도의 영혼의 별세는 바로 영화의 첫 부분인 성화의 완성이 실
현되는 기회이다. 사망은 자기 백성을 거룩케 하시기 위하여 하나
님이 정하신 훈련과 징계의 방편인 것이다(히 12 : 10). 그러기에
성경은 육체를 떠난 성도의 영혼을 '온전케 된 의인의 영들'(히
12 : 23)이라고 증언하고 있지 않은가!

최종 영화는 영광 가운데 다시 오시는 그리스도와도 밀접하게 관
계되어 있다(그리스도의 재림).

신자들의 소망은 죄를 떠나 구원으로 이끄시는 구주의 강림에 그
중심을 둔다(딛 2 : 13, 히 9 : 28). 하나님의 웅장한 구원계획이
막을 내리게 될 때 그리스도께서 자기 아버지의 영광으로 자신의
영광 가운데 다시 오실 것이다(마 16 : 27).

신자들의 영화는 피조물을 새롭게 하심과도 연관이 있다(만물의
갱신). 신자들뿐만 아니라 피조물 그 자체도 썩어짐의 종노릇한 데
서 해방되는 것을 몹시도 기대하고 있다(롬 8 : 20-21). 그 기다림
의 내용은 '하나님의 자녀들의 영광스러운 자유'이다. 사도 바울은
이것을 베드로후서 3장에서 새 하늘과 새 땅이라고 표현하고 있
다.

문4. 신자의 죽음은 어떠한 의미를 갖고 있나요? (히 12 : 10)

_____

문5. 그러므로 별세한 성도의 영혼을 성경은 어떻게 부르고 있습니까? (히 12 : 23)

_____

_____

_____

문7. 만물의 갱신의 결과는 무엇입니까? (롬 8 : 19-23)

_____

4. 적용

A. 하나님께서 우리를 미리 정하신 그 실제적인 목적은 무엇입니까? (롬 8 : 29-30)

_____

_____

B. 그러면 성도의 영혼과 육체가 영화롭게 되는 시기는 각각 언제인가요?

① 성도의 영혼-_____

_____

② 성도의 육체-_____

_____

_____

교회론(教會論)

교회의 정의, 본질, 구별
교회의 속성과 3대 표지
교회의 정치
교회의 권세
교회의 임무
은혜의 방편-하나님의 말씀
성례
세례
성찬

제 36 과
교회의 정의, 본질, 구별

요절 에베소서 1 : 22-23

하나님은 그의 자녀들을 교회의 품안으로 불러 모으신다. 그리고 성숙한 신자가 되기까지 그들을 모성애 같은 배려로 양육하시며 또한 인도하신다. 즉, 교회는 신자의 어머니인 것이다. 그러므로 우리는 평생동안 이 교회라는 은혜와 구원의 조직체를 결코 떠날 수 없다.

1. 교회의 정의
교회는 하나님의 부름받은 자들이 함께 모인 구원의 공동체이다. 구약의 '카할'이나 신약의 '에클레시아(교회)'는 모두 '부른다'는 의미를 갖고 있다.

또한 구약의 '에다'나 신약의 '쉬나고게(회당)' 역시 '함께 모인다'는 뜻이다. 영어의 church(교회)는 헬라어 '퀴리아케'에서 유래되었는데 그 의미는 '주께 속한다' 또는 '주의 것'이라는 뜻이다(of & belonging to the Lord).

그러므로 교회는 주 자신의 피로 사신 그 자신의 소유물이다(행 20 : 28).

문1. 교회(church)라는 용어는 어떤 단어로부터 유래되었나요? (계 1 : 10)

그 의미는?

문2. 교회는 본질적으로 누구의 소유입니까? (행 20 : 28)

그 이유는 무엇인가요?

문3. 그러면 교회의 정의는 한 마디로 어떻게 표현할 수가 있습니까?

2. 교회의 본질

교회는 예수 그리스도를 믿어 거룩해지고 그 머리되신 그리스도에게 연합된 자들의 단체(community)이다.

즉, 예수 그리스도는 교회의 머리요, 모든 성도들은 그 지체인 것이다(고전 12 : 27). 그러므로 교회의 본질은 성도들의 내면적이고도 영적인 교통에 있다. 이 교회는 모든 시대의 모든 성도들 외에는 아무도 포함하지 않는다. 그리고 보편적으로(통상적으로) 교회 밖에서는 구원이 절대로 없다(행 2 : 47).

문4. 교회의 머리(주인)는 누구이십니까? (엡 1 : 22-23, 골 1 : 18)

문5. 그러면 성도와 교회 사이의 관계는? (롬 12 : 5, 고전 12 : 27)

문6. 교회의 본질은 어디에 있습니까?(행 2 : 44-45, 고전 1 : 9, 엡 4 : 16, 골 2 : 19)

문7. 교회 밖에도 구원이 정녕 있을까요? (행 2 : 47, 4 : 12)

3. 교회의 구별

교회는 그 성격상 여러가지 구별을 요한다. 이 모든 것들은 동일한 교회의 양면성을 나타낼 뿐이며 궁극적 혹은 본질적으로 예수 그리스도의 교회는 오직 하나이다.

(1) 전투적 교회와 승리적 교회

지상교회는 인류역사의 시초부터 세상 끝날까지 죄와 마귀를 대항하여 끊임없이 영적인 전투를 하는 교회이다(히 12 : 4). 그러나 천상교회는 현세의 전투와 수난과 사망에서 해방되고 구원받아 그리스도와 함께 영광 가운데 있는 승리적인 교회이다(히 12 : 23).

(2) 보이는 교회와 보이지 않는 교회

보이는 교회(유형교회)는 참된 종교(기독교)를 고백하는 전세계 모든 사람들과 그들의 자녀들로 구성된다. 반면에 보이지 않는 교회(무형교회)는 교회의 머리되신 그리스도 아래 하나로 모인 과거, 현재, 미래의 모든 택함받은 자들의 총수이다.

(3) 유기체 교회와 조직체 교회

유기체로서의 교회는 성령으로 연합된 신자들의 단체이다. 즉, 영적인 능력을 소유한 교회로 성도들이 각양 은사와 재능대로 주의 일을 하고 몸된 교회를 봉사하게 된다(고전 12 : 13).

한편 조직체로서의 교회는 신자들의 어머니, 구원의 수단, 죄인의 회심과 성도의 완성을 위한 대리자로서 제도적인 형식으로 존재하며 하나님께서 정하신 직분과 방편을 통하여 작용한다.

문8. 다음 중 서로 관련된 것끼리 연결하여 보십시오.

   a. 천상 교회   ① 전투적 교회

   b. 지상 교회   ② 승리적 교회

문9. 유형교회(보이는 교회)의 구성 요원은?

_____

그러면 보이지 않는 교회(무형교회)의 회원은 누구입니까?

_____

4. 적용

교회와 구원과의 상관관계를 간단히 설명하여 보십시오(행 2 : 47, 16 : 30-34 참조).

_____

_____

_____

제 37 과

교회의 속성과 3대 표지

요절 마태복음 16 : 18

교회는 우리 영혼의 안식처요, 행복의 보금자리요, 소망의 샘터
이다. 구원받은 사람이라면 누구나 이 교회에 소속해야 하며, 연
합해야 한다. 그러나 완전무결한 교회는 이 세상에 전혀 존재하지
않는다. 다만 현존하는 교회는 영적인 용광로, 목욕탕, 하수 처리
장일 뿐이다.

1. 교회의 속성

사도신경의 '거룩한 공회'라는 어구는 영문 (英文)으로 'one holy
catholic church'이므로 교회의 3대 속성은 교회의 통일성 (unity),
거룩성 (holiness), 공동성 (혹은 보편성 - catholicity)이다.

(1) 교회의 통일성 (unity)

모든 세대 (과거, 현재, 미래), 모든 나라 (동·서양)의 교회는 본질
적으로 하나이다. 이것은 모든 신자들을 그 회원으로 하는 예수 그리
스도의 신비적 몸의 통일성인 것이다 (고전 12 : 27).

"이와 같이 우리 많은 사람이 그리스도 안에서 한 몸이 되어 서로
지체가 되었느니라" (롬 12 : 5)

(2) 교회의 거룩성 (holiness)

교회의 거룩은 삼중 (三重)적이다. 즉, 교회는 그리스도의 의 (義),
성령의 새롭게 하심 (갱신), 하나님께 거룩하게 드려짐 (성헌)으로 인
하여 거룩하다.

"하나님의 성전은 거룩하니 너희도 그러하니라" (고전 3 : 17)

(3) 교회의 공동성 (catholicity)

교회는 모든 시대, 모든 신자들을 다 포함한다. 즉, 어느 시대, 어떤 민족, 어느 곳에나 참된 교회가 있다(일명 보편성). 그러나 보이지 않는 교회(무형교회)만이 진정한 보편적 교회이다. 그 이유는 무형교회는 전 세계 모든 나라에 그 회원을 가지며 인간의 생활 전 영역(각 방면)에서 지배적인 영향력을 행사하기 때문이다.

"한 주께서 모든 사람의 주가 되사 저를 부르는 모든 사람에게 부요하시도다. 누구든지 주의 이름을 부르는 자는 구원을 얻으리라"(롬 10 : 12-13)

문1. 교회의 영적 단일성 혹은 통일성에 대한 근거는? (롬 12 : 5, 고전 12 : 12-13)

_____

_____

문2. 그리스도의 몸된 교회인 성도들의 올바른 생활태도나 사고방식은? (고후 7 : 1, 벧전 1 : 15-16)

_____

_____

문3. 예수 그리스도 안에서 신자들간에 어떤 제한이나 차별이 있을 수 있나요? (갈 3 : 28, 계 7 : 9)

_____

_____

_____

2. 교회의 3대 표지(marks)

모든 그리스도인은 각자 참된 교회에 소속해야 한다. 그러면 과연 어느 교회가 참 교회인지를 어떻게 식별할 수 있을 것인가? 즉, 참된 교회의 기준 내지는 그 특징은 무엇인가?

(1) 말씀의 참된 전파

이것은 교회의 가장 중요한 표지(標識)이다. 그 의미는 말씀 전파가 근본적으로 진실해야 하며 신앙과 행위에 지배적인 영향(감화)을 끼쳐야 한다는 것이다(살전 2 : 13).

(2) 성례의 정당한 집행

사실상 성례(세례와 성찬)는 말씀의 유형(有形)적인 전파인 것이다. 성례는 말씀의 합법적인 사역자들에 의하여 하나님이 세우신 제도에 따라 신자들과 그 자녀들에게만 집행되어져야 한다(막 16 : 16, 고전 11 : 23-30).

(3) 권징의 신실한 시행

교리적 성결과 생활의 성결을 위해 교회는 마땅히 그리스도의 권위로써 불순성을 배제하고 시정하여야 한다. 그러나 권징은 온유한 마음과 사랑의 정신으로 조심스럽게 다루어져야 할 것이다(갈 6 : 1). 권징의 참 목적은 범죄한 사람을 교정하여 잃어버리지 않으려는 데 있기 때문이다(마 18 : 15).

문4. 하나님의 말씀을 전파하는 가장 좋은 방법은? (고후 2 : 17)

_____

문5. 진리의 영(참 신자)과 미혹의 영(거짓 신자)은 어떻게 식별할 수가 있나요? (요 8 : 47, 요일 4 : 5-6)

_____

문6. 성례 집행과 반드시 병행해야 할 것은 무엇입니까? (행 2 : 41-42)

_____

문7. 성례받을 사람의 기본적인 자격요건은? (막 16 : 16, 행 16 : 14-15)

_____

3. 적용

A. 교회의 3대 속성인 통일성, 거룩성 그리고 보편성은 어떠한 교
   회의 특성입니까?

   _____

   _____

   그러면 교회의 3대 표지는 어떠한 교회의 성격인가요?

   _____

B. 권징의 올바른 시행방법과 그 목적은? (마 18 : 15-17, 고후
   2 : 5-8, 갈 6 : 1)

   ① 방법 _____

   ② 목적 _____

제 38 과
교회의 정치

요절   에베소서 4 : 11-12

　역사상에 교회가 취한 정치체제의 3대 전형(三大典型)은 감독정체(政體), 장로정체, 회중정체이다. 그러나 가장 성경적인 교회 정치체제는 장로교회라고 할 수 있다. 장로교회란 치리장로와 교훈장로(목사)에 의하여 정치하는 교회를 말한다.

1. 개혁파 교회제도의 근본원리
　개혁주의 교회정치의 모든 규칙들은 다 그 근본원리를 성경에 근거하고 있다.

(1) 그리스도는 교회의 머리요, 모든 권세의 원천이시다.
　　예수 그리스도는 유기적인 의미에서 교회의 머리이시다. 곧 그는 교회를 그의 생명으로 채우시고 성령으로 지배하신다. 또한 예수 그리스도는 권위를 가지고 교회를 통치하시는 왕이시다.

(2) 그리스도는 말씀을 수단으로 하여 권위를 행사하신다.
　　예수 그리스도는 주관적으로는 교회 안에서 역사하시는 성령을 통하여, 객관적으로는 권위의 표준이 되는 하나님의 말씀으로 통치하신다.

(3) 왕이신 그리스도는 교회에게 권세를 주신다.
　　모든 교회권세는 제1차적으로는(근본적으로는) 교회 그 자체에 있고, 제2차적으로는(행사에 있어서는) 특별히 이를 위해 부름받은 자들에게 있다.

(4) 다스리는 권세는 기본적으로 지교회 (支敎會)에 있다.

이 다스리는 권세는 근본적으로 지교회의 당회 (치리회)에 있으며 여기서부터 총회로까지 확장되어 나간다.

문1. 교회의 머리 (주인)는 누구이십니까? (엡 1 : 22-23)

문2. 그는 어떻게 교회를 다스리십니까? (행 20 : 28, 32)

2. 교회의 직원

교회의 직원들은 직무상 그리스도를 대표하되 그 권위는 제한되어 그리스도에게 종속한다. 가장 일반적으로 비상직원과 통상직원으로 구별된다.

(1) 비상직원

사도시대의 교회에만 있었던 직원들이다.

a. 사도 (apostles)

엄밀히 말하면 이 명칭은 예수 그리스도의 열두 제자와 바울에게만 적용되나 사도적인 인물에게도 해당된다.

사도의 자격은 그리스도에게서 그 직권 (임무)을 직접 받았고 (눅 6 : 13), 그리스도의 생애, 특히 부활의 증인이며 (행 1 : 21-22), 영감을 의식하고 (고전 2 : 13), 그들의 사역에 하나님의 풍성한 축복을 받은 자들이다 (고전 9 : 1-2, 고후 3 : 2-3)

b. 선지자 (prophets)

이들은 교회에 건덕을 위해 말하도록 은사를 받은 자로서 가끔 신비를 계시하며 미래 일을 예고하기도 한다 (행 11 : 28, 13 : 1-2).

c. 전도자 (evangelists)

이들은 사도와 함께 다니면서 그들을 도와 일하며 가르치고 전도하며 사도의 파송을 받아 세례를 베풀고 권징을 시행한 자들이었다 (행 21 : 8, 엡 4 : 11).

(2) 통상직원

a. 장로(elders)

연장자(年長者) 혹은 감독을 뜻한다. 장로는 가르치는 장로(목사)와 다스리는 장로로 구분되고 있다. 이들은 하나님의 가족 양 무리를 맡아 돌보고 먹이며 보호하는 교회의 직분자들이다.

b. 교사(teachers)

성경 해석에만 주력하고 순수하고 건전한 교리가 신자들 중에 유지되게 하는 자이다. 히브리서 13 : 7의 인도자들이 이에 해당한다.

c. 집사(deacons)

집사의 직무는 성경에서 '디아코니아' 곧 부조(扶助)나 봉사(奉事)로 묘사되었다(행 11 : 29, 롬 12 : 7, 고후 8 : 4, 9 : 1). 이들은 긍휼과 자선 혹은 구제사역에 종사하는 자들이며 교회에 속한 일체의 재정을 관리하는 자들이다.

문3. 하나님께서 교회안에 여러 직원들을 세우신 목적은? (엡 4 : 11-12)

_____

_____

문4. 통상직원(장로, 교사, 집사)의 소명(부르심)은 어떻게 주어질까요? (행 1 : 23-26, 히 5 : 4)

① _____

② _____

3. 교회의 회의

개혁파 교회정치의 회의는 당회(consistory, session), 노회(classis, presbytery), 대회(synod) 총회(General Assembly)로 구성될 수 있다.

교회의 모든 회의는 더 나은 정치와 건덕을 위해서 긴요한 모임들이다(성경적 근거-행 15 : 2, 4, 6).

모든 지교회는 인근교회들과 적절한 연합, 혹은 협력관계를 맺을 수 있다.

문5. 교회회의의 모든 결정사항들은 사전에 반드시 어떠한 절차를 거쳐야 할까요? (행 15 : 23)

_____

4. 적용

A. 교회 내에 총회나 공의회가 필요한 이유는? (행 15 : 1-6)

_____

B. 총회나 대회, 공의회의 결정사항은 일반 성도들에게 어떠한 영향력을 갖고 있습니까? (행 16 : 4)

_____

_____

제 **39** 과
교회의 권세

요절 마태복음 16 : 19

예수 그리스도는 교회를 창설하셨을 뿐만 아니라 교회에게 그 필
요한 권세(**power**), 혹은 권위(**authority**)를 부여하였다. 이것을
소위 '천국의 열쇠'라고 부른다. 곧 천국 또는 교회의 영역에서 무
엇이 금지되고 무엇이 허용되는지를 결정하는 권세이다(마 16 :
19, 요 20 : 23).

1. 교회 권세의 성질

(1) 영적인 권세 (신령성)

이것을 영적 권세라고 하는 이유는 그것이 하나님의 영으로 말미암
아 주어졌으며(행 20 : 28), 그리스도의 이름과 성령의 권능에 의해서
만 능히 행사되기 때문이다(요 20 : 22-23, 고전 5 : 4).

또한 독점적으로 신자들에게만 관계를 가지며(고전 5 : 12), 도덕적
영적 방법으로만 실시되기 때문이기도 하다(고후 10 : 4). 그러므로
폭력을 절대로 사용하지 않는다.

(2) 목회적인 권세 (사역성)

이것은 어디까지나 사역적 (목회적) 권세로써(행 4 : 29-30, 20 :
24) 그리스도에게서 온 것이며 따라서 교회 위에 가지신 그의 주권에
종속한다(마 28 : 18). 이 권세는 반드시 성령의 인도하심을 따라 하
나님의 말씀과 일치하게 행사되어야 하며 또한 교회의 왕(王)이신 예
수 그리스도의 이름으로 시행되어야 한다(롬 10 : 14-15, 고전 5 : 4,
엡 5 : 23).

문1. 그리스도께서 부여하신 교회의 권세란 무엇을 의미합니까?
(마 16 : 19, 요 20 : 23)

_____

_____

문2. 교회의 권세는 어떠한 사람들에게만 독점적으로 행사되어집
니까? (고전 5 : 12-13)

문3. 천국의 열쇠, 일명 교회의 권세를 올바르게 사용하는 방법
은? (롬 10 : 14-15, 고전 5 : 4, 엡 5 : 23)
① _____
② _____
③ _____

2. 교회의 세 가지(三重) 권세
그리스도의 선지자, 왕, 제사장의 3직임과 관련되어 교회의 권
세도 교리권, 치리권, 사역권으로 나누인다.

(1) 교리권 혹은 교훈권(가르치는 권세)
이것은 예수 그리스도의 선지자 직분의 반영으로 진리의 수호와 전
달을 목표로 한다. 교회는 죄인의 회심과 신자의 건덕을 위하여 하나
님의 말씀을 전파하며 그것을 해석할 의무를 가지고 있다. 또한 신앙
고백과 신조를 작성하여 교회가 믿는 바를 정확하게 세상 사람들에게
알려야 한다. 그리고 신학 연구를 통하여 진리를 한층 더 발전시켜 나
가야 한다.

(2) 치리권(다스리는 권세)
이 권세는 그리스도의 왕권의 반영으로써 입법권과 사법권을 포함한
다-질서유지권과 순결유지권
① 질서유지권-하나님은 교회 일의 적절한 정리를 위하여 규율을 정하
셨다.

a. 교회는 예수 그리스도의 율법을 맡아서 실시할 권리를 가진다 (율법의 시행) -하나님만이 우리 인생의 주인이요, 인도자이심으로 우리는 그에게 당연히 순복해야만 한다.

b. 율법의 적절한 시행과 적용을 위하여 교회 헌장이나 규율 등을 제정한다-교인 자격, 직원 자격을 규정하고 공예배의 방식, 권징의 규칙 등을 다룬다.

② 순결유지권-교회는 이단자와 범죄자를 거절 또는 배제하는 권세를 행사한다 (교리적, 도덕적 순결유지). 이 권세는 특히 권징을 통하여 시행되어진다. 권징의 목적은 두 가지이다. 첫째로, 그리스도의 율법을 보다 효과적으로 수행하기 위함이다 (교인의 용납과 제거). 둘째로, 교회의 영적 건덕을 증진시키기 위함이다 (그리스도의 율법에 순종케 함). 이 두 가지 목적은 보다 더 높은 목적, 곧 예수 그리스도의 교회의 성결을 유지함에 크게 공헌한다.

(3) 사역권 (봉사하는 권세)

교회의 이 권세는 사역권 혹은 긍휼권이라고 칭하는 것이니 그리스도의 제사직의 반영이다.

a. 병자위문과 신유 (병 고침) -병자를 심방하여 성경말씀과 기도로 위안하거나 특별한 영적 은사 (신유)로 그 병을 고쳐주는 행위이다 (기도 응답).

b. 일반적인 자선사역 (구제와 선행) -교회는 가난한 자를 구제하고 궁핍한 자를 교훈, 격려, 위안해야 한다 (마 26 : 11, 막 14 : 7). 그러나 어려운 환경이나 생활고에 시달리는 사람, 그리고 실망 가운데 있는 사람들을 돕는 일은 국가의 자선사업과는 달리 그리스도의 사랑의 영적 봉사정신에서 우러나와야 한다.

문4. 교회의 가장 귀중한 사명 (임무)는 무엇인가요 ? (딤후 4 : 1 -2)

문5. 우리 하나님은 어떠하신 분인가요? (고전 14 : 33)

　　　─────────────────────────────

　　　그런즉 모든 일을(특히 교회 일) 어떻게 행해야 합니까? (고전 14 : 40)

　　　─────────────────────────────

문6. 권징의 근본적인 목적은 무엇입니까? (고전 5 : 6-8, 딛 3 : 10)

　　　─────────────────────────────

문7. 신유(병 고침)의 은사는 무엇을 통하여 역사합니까? (마 9 : 22, 행 3 : 16, 14 : 9, 약 5 : 14-16)

　　① ───────────────────────────
　　② ───────────────────────────

문8. 구제와 선행을 제일 먼저 베풀어야 할 곳은? (갈 6 : 9-10)

　　　─────────────────────────────

3. 적용

A. 교회의 권세(천국의 열쇠)란 무엇입니까? (마 16 : 19, 요 20 : 23)

　　　─────────────────────────────

B. 예수 그리스도의 중보직(3직)과 교회의 세 가지 권세와의 연관성은?

　　　─────────────────────────────

　　　─────────────────────────────

제 **40** 과
교회의 임무

요절 마태복음 28 : 19-20, 요한복음 4 : 24, 로마서 15 : 2

교회의 임무란 다른 말로 교회의 직능 혹은 과업이라고도 표현할
수가 있다. 즉, 교회가 반드시 해야 할 근본적인 의무에 대한 것을
말한다. 교회의 임무는 광대하고 다양하지만 여기서는 특별히 예
배, 건덕, 증거의 세 가지 부분으로 나누어서 생각해보도록 할 것
이다.

1. 교회의 예배

예배당 집회의 목적은 창조주, 구속주 하나님께 신령과 진정으
로 예배드리기 위함이다. 예배는 하나님을 향한 사람의 신앙과 순
종의 행위인 것이다.

이것은 하나님의 은혜로우신 속죄의 방편을 믿는 것이며 그가 규
정하신 구원의 방편을 받아들이는 것을 의미한다. 예배는 하나님
의 택한 백성들이 예수 그리스도를 통하여 성령의 도우심을 받아
삼위일체 하나님께 영광과 존귀와 찬양을 세세토록 드리는 신앙적
행위이다. 그러므로 기독교 예배의 본질은 예수 그리스도의 중보
에 의한 하나님과 인간 사이의 사귐과 만남에 있다(요 4 : 23-24).
예배의 중요한 요소에는 하나님의 말씀 선포(설교), 성경교독, 찬
송, 신앙고백, 기도, 헌금, 성례의 거행, 축도 등이 있다. 진정한
예배의 궁극적인 목적은 사람의 복리(福利)가 아니라 하나님 자신
의 영광이다(롬 11 : 36).

문1. 우리의 유일한 경배 대상은? (마 4 : 10, 계 19 : 10)

___

문2. 그러면 하나님과 인간 사이의 중보자는 누구이십니까? (요 14 : 6, 딤전 2 : 5)

___

문3. 하나님께 예배드리는 가장 올바른 방법은? (요 4 : 23-24)

___

2. 교회의 건덕

건덕(建德)은 헬라어로 '오이코도메'로서 글자 그대로 '가옥(家屋)을 건축함'을 의미한다. 사람이 그리스도인이 되는 것은 그리스도 안에 신앙의 기초를 설치하는 때이다. 다음에 그는 남은 생애를 통하여 그 기초 위에 집을 건축하여야 한다(유 1 : 20).

건덕은 그리스도인이 자신의 인격, 성품, 생활(지혜, 경건, 거룩) 등을 통해서 다른 사람의 유익이나 성숙을 도모하는 행위이다. 공예배나 성도간의 교제(친교), 그리고 봉사 등은 건덕의 좋은 방도가 될 수 있다.

"우리 각 사람이 이웃을 기쁘게 하되 선을 이루고 덕을 세우도록 할지니라"(롬 15 : 2)

문4. 건덕이란 무엇입니까? (롬 15 : 2, 고전 14 : 3)

___

___

문5. 교회 성도들간에 건덕을 끼칠 수 있는 가장 적당한 기회는? (행 2 : 42, 44-47, 히 10 : 24-25)

① ___
② ___
③ ___

문6. 그리스도인이 자신의 자유를 올바르게 사용하는 비결은? (고
전 10 : 31-33, 갈 5 : 13)

_____

_____

3. 교회의 증거

교회의 최고 임무는 하나님의 말씀을 전파하여 증거하는 일이
다. 즉, 하나님의 구속애(기쁜소식)를 전세계 모든 민족에게 전달
하는 것이다(마 28 : 19-20).

그러면 증거의 동기는 무엇인가?

증거의 가장 깊은 동기는 역시 그리스도의 사랑이라고 할 수 있
다.

"우리가 사랑함은 그가 먼저 우리를 사랑하셨음이라"(요일 4 :
10)

교회는 하나님의 뜻을 다 전하여야 한다(행 20 : 27). 이것은 균
형있게 원만하게 전도함을 이름이다. 즉, 성경의 매 부분을 다른
모든 부분들의 광명에 비추어 이해하도록 가르침을 의미한다. 마
지막으로 증거의 동력(動力)은 세상 끝날까지 함께하사 역사하시
는 그리스도의 성령의 능력이다(마 28 : 19-20, 막 16 : 20, 행
1 : 8).

문7. 하나님의 말씀을 어떻게 증거하는 것이 균형있고 원만한 것
인가요? (행 20 : 27)

_____

문8. 그러면 증거의 동기는 무엇입니까? (고후 5 : 14, 요일 4 :
19)

_____

문9. 증거의 원동력은 어디에 있습니까? (마 28 : 19-20, 행 1 :

8, 롬 15 : 18 참조)

_____

_____

4. 적용

교회가 하는 일(사명) 네 가지는 무엇인가요?

① _____

② _____

③ _____

④ _____

제 **41** 과
은혜의 방편-하나님의 말씀

요절 사도행전 20 : 32, 데살로니가전서 2 : 13

은혜의 방편(means)이란 성령께서 사람의 마음에 믿음을 일으
키고 강화시키기 위해서 보통 사용하시는 수단을 뜻한다. 즉, 하
나님은 사람의 영혼에게 이 은혜의 방편을 통하여 성령의 초자연적
인 감화(은혜)를 끼쳐 주신다. 통상적인 은혜의 방편은 하나님의
말씀과 성례 곧 세례와 성찬뿐이다.

1. 하나님의 말씀의 의미
우리가 하나님의 말씀을 은혜의 수단 혹은 방편이라고 말할 때
그것은 바로 하나님의 영감된 말씀(신·구약 성경)과 교회에서 전
파하고 있는 말씀(복음전도나 설교)을 의미한다. 성령께서는 교회
의 확장과 성도의 건덕 및 양육을 위하여 성경말씀을 그 은혜의 수
단으로 사용하신다. 또한 하나님은 복음의 말씀을 만민구원의 방
편으로 삼으신다. 그러므로 말씀의 전파는 가장 중요한 은혜의 방
편이다.

문1. 가장 중요한 은혜의 방편은 무엇입니까? (시 19 : 7-8, 살전
2 : 13)

문2. 성도의 건덕과 양육을 위하여 성령께서 보통 사용하시는 수
단은? (엡 6 : 17, 딤후 3 : 15-16)

문3. 그러면 하나님은 어떻게 믿는 자들을 구원하실까요? (롬 1 :
16, 고전 1 : 21)

2. 말씀과 성령과의 관계

하나님의 말씀만으로는 사실상 신앙과 회심을 일으키기에 충분
하지 못하다. 그리고 성령은 보통 말씀없이 역사하지 않는다. 곧
성령께서는 반드시 말씀 안에서(in), 말씀과 더불어(with), 말씀
에 의하여(by) 일하신다. 구속사역을 적용하심에 있어서 성령님은
말씀을 그의 기구(His instrument)로 사용하시는 것이다(엡 1 :
13, 6 : 17).

따라서 말씀의 전파는 성령에 의해서 그 효력이 나타나야만 비로
소 충분한 결실을 가져올 수가 있다.

문4. 성령께서 항상 사용하시는 영적 무기는? (엡 6 : 17)

문5. 말씀의 전파에는 반드시 무엇이 수반되어져야 합니까? (눅
24 : 32, 45, 행 10 : 44, 16 : 14)

문6. 말씀과 성령과의 관계를 간단히 설명하여 보십시오.

3. 하나님의 말씀의 두 부분

은혜의 수단인 하나님의 말씀은 크게 율법과 복음으로 구분되고
있다.

(1) 율법

율법은 하나님의 의지(will)를 나타내 보이신 것으로서 성경에 명령과 금지의 형식으로 기록되어져 있다. 이 율법의 기능이나 목적은 사람의 마음 속에 죄를 깨닫게 하여 회개시키려는 데 있다(롬 3:19-20).

(2) 복음

복음은 신·구약에 화목의 사역(십자가)으로 알려진 바 되었으며 예수 그리스도 안에 있는 하나님의 구속의 사랑을 의미한다. 복음의 기능이나 역할은 예수 그리스도께 대한 구원적 신앙(saving faith)을 갖게끔 하려는 데 있다(롬 10:16-17).

문7. 율법의 근본적인 목적은 무엇인가요? (롬 3:20, 갈 3:24)

_____

_____

문8. 그러면 복음의 기능이나 그 역할은? (롬 1:17, 10:16-17)

_____

4. 적용

A. 하나님의 말씀에 대한 바른 태도는 어떠해야 할까요? (눅 8:15, 행 17:11, 살전 2:13)

① _____

② _____

③ _____

B. 율법과 복음의 구별이 구약과 신약의 구별과 반드시 일치하고 있습니까?

_____

_____

제 42 과
성 례

요절 마태복음 28 : 19, 고린도전서 11 : 23

성례는 우리의 영적 진보를 위하여 그리스도께서 제정하신 은혜의 방편이다. 그런데 성례전이 제정된 것은 첫째, 하나님께 대한 우리의 신앙을 나타내고자 함이며 둘째, 사람들 가운데서 우리의 고백을 간증하기 위함이다. 즉, 성례는 외형적인 표시(signs)이자 보이는 말씀(visible words)인 것이다.

1. 성례의 의미

하나님의 말씀은 은혜의 한 방편으로 완전하다. 그러나 성례는 말씀을 떠나서는 완전하지 못하다.

성례는 라틴어 '사크라멘툼'(sacramentum)에서 온 말인데 문자적으로는 복종의 서약과 신비를 의미한다.

성례는 그리스도로 말미암아 제정된 거룩한 의식이다. 이 의식을 통하여 그리스도 안에 있는 하나님의 은혜와 은혜언약의 혜택이 감각적인 표호(떡, 포도즙, 물)에 의해서 신자들에게 표시되며 인쳐지고 적용된다. 그리고 신자들은 하나님께 그들의 신앙과 순종을 표현하게 되는 것이다.

문1. 성례를 처음으로 제정하신 분은 누구십니까? (마 **28 : 19**, 고전 **11 : 23**)

문2. 성례는 반드시 무엇과 더불어 시행되어져야 합니까? (행 **2 :**

41-42)

문3. 이 성례를 대하는 신자들의 바른 태도는?

_____

_____

2. 성례의 구성 부분

성례는 다음과 같은 세 가지 부분으로 나누어지고 있다.

(1) 외적이며 유형적인 표현(sign)

세례에서는 물을, 성찬에서는 떡과 포도즙을 각각 사용한다(물질적인 요소).

(2) 내적이며 영적인 은혜

성례는 은혜언약(창 17 : 11), 믿음의 의(롬 4 : 11), 사죄(마 26 : 28), 신앙과 회심(막 1 : 4, 16 : 16), 죽으시고 다시 사신 그리스도와의 연합(롬 6 : 3-4, 골 2 : 11-12) 등을 의미하고 있다.

(3) 표호와 그것이 의미하는 것 사이의 연합

성례가 믿음으로 받아들여지는 곳에 하나님의 은혜가 수반한다(성례의 본질). 감각적인 표호(외형적인 요소)는 그 은혜를 전달하기 위하여 성령께서 사용하시는 수단이요, 그 방편일 뿐이다.

문4. 성례에 있어서 감각적인 표호 곧 외형적인 요소는?
　① 세례-_____
　② 성찬-_____
문5. 구약의 할례는 무엇을 나타내주고 있습니까? (신 10 : 16, 30 : 6, 렘 4 : 4)

_____

그러면 세례는 어떠한 것을 상징하고 있나요? (행 2 : 38, 롬 6 : 4, 골 2 : 11-12, 딛 3 : 5, 벧전 3 : 21)

문6. 성례의 효력이나 유익은 어디에 있을까요? (롬 2 : 28-29, 고
전 3 : 6-7, 12 : 13)

_____

_____

_____

3. 신·구약의 성례와 그 수(number)

성례는 구원에 절대적으로 필요한 것은 아니나 하나님의 가르침
인고로 의무인 것이다(마 28 : 19-20, 고전 11 : 25-26).

신약과 구약의 성례는 본질적으로 동일하다(롬 4 : 11, 고전 5 :
7, 10 : 1-4, 골 2 : 11-12 참조). 즉, 구약시대 성례인 할례와 유
월절은 신약시대 성례인 세례와 성만찬과 같은 의미를 갖고 있다.

그러므로 그리스도께서 제정하신 성례는 오직 세례와 성찬뿐이
다.

문7. 구약시대 성례인 할례는 신약의 무엇과 비교가 됩니까? (골
2 : 11-12)

_____

그러면 신약시대 성례인 성찬은 구약의 무엇과 동일시되고 있
습니까? (고전 5 : 7)

문8. 그러므로 본질적으로 성례는 몇 가지이며 그 내용은? (마
28 : 19, 고전 11 : 23)

① _____

② _____

4. 적용

구약의 성례와 신약의 그것과의 차이점은?

_____

_____

_____

_____

제 43 과
세례(洗禮)

요절 마가복음 16 : 16, 베드로전서 3 : 21

그리스도는 부활하신 후 곧 그의 속죄사역을 완성하신 후 세례를
제정하셨다(마 28 : 19, 막 16 : 16).

세례(baptism)는 헬라어로 밥티스마로서 물로 씻는 것 혹은 물
에 잠기는 것을 가리키는 용어이다. 우리가 아는 대로 기독교의 세
례는 삼위 하나님의 이름으로 물을 가지고 베푸는 거룩한 예식이
다.

1. 세례의 의미

세례(洗禮)는 글자 그대로 물을 가지고 성부와 성자와 성령의
이름으로 씻는 예식이다. 이 세례의 근본적인 의미는 삼위 하나님
특히 그리스도와의 연합을 이루는 데 있다-세례 받은 당사자를 예
수 그리스도에게 연합시키는 것. 우리가 그리스도와 연합하여 그
의 죽음과 부활에 영적으로 동참함을 의미한다(롬 6 : 3-6). 이것
은 죄를 위한 우리의 생활 전부가 정지되고 또한 성령으로 말미암
아 거룩한 생활(새 사람의 삶)을 하게 됨을 가리킴이다.

문1. 세례는 누구의 이름으로 베풀어야 합니까? (마 28 : 19)

문2. 그러면 세례의 근본적인 의미는? (롬 6 : 3-4, 골 2 : 12)

2. 세례의 바른 양식

세례에 있어서 물은 우리의 모든 죄를 깨끗하게 씻어낸 그리스도의 피를 상징한다. 이 외형적인 요소인 물은 죄책으로부터의 정화(淨化)를 나타낸다. 즉, 세례는 죄의 씻음과(행 22 : 16, 딛 3 : 5, 벧전 3 : 21) 영적 갱신(롬 6 : 4, 골 2 : 11-12)을 뜻한다.

"맑은 물을 너희에게 뿌려서 너희를 정결케 하리라"(겔 36 : 25)

'세례주다(to baptize)'라는 말은 헬라어로 '밭티조'인데 그 의미는 '물 속에 잠그다(to dip, submerge, immerge)' 혹은 '물을 가지고 깨끗케 한다(to make clean with water)'라는 뜻이다.

그러므로 세례는 물에 담그거나(immersion), 물을 붓거나(pouring), 혹은 물을 뿌리거나 하여(sprinkling) 어떠한 형식으로든지 시행할 수 있다.

문3. 세례의 외형적인 요소인 물은 무엇을 상징하고 있습니까?
(겔 36 : 25, 히 10 : 22, 계 1 : 5)
_____

문4. 그러므로 세례의 영적 의미는? (행 22 : 16, 골 2 : 11-12, 딛 3 : 5)
_____

문5. 세례의 양식 세 가지를 각각 간단히 설명하여 보십시오.
① 침수(浸水)-immersion _____
② 관수(灌水)-affusion _____
③ 쇄수(灑水)-aspersion _____

3. 세례의 대상

정식으로 인정된 목사에 의하여 삼위일체 하나님의 이름으로 베풀어진 세례가 합법적이다. 그리고 세례는 교회의 규례이기 때문에 마땅히 신자의 공중집회에서 시행되어야 한다.

그러면 누가 이 세례 받기에 합당한 자인가?

세례는 신자와 그의 자녀들을 위하여 제정되었다(장년과 영아). 즉, 그리스도를 믿고 그에게 복종하겠다고 고백하는 자와 입교한 자의 자녀, 곧 믿는 부모를 가진 자녀만이 세례를 받을 수 있을 뿐이다.

문6. 누가 세례를 베풀 수가 있나요? (마 28 : 19, 행 10 : 47)

문7. 언제 어디서 세례를 주는 것이 바람직한가요? (행 2 : 41)

문8. 어떠한 사람이 세례를 받을 수 있습니까? (막 16 : 16, 행 16 : 15, 33)

4. 적용
A. 세례에 있어서 가장 중요한 점은 무엇입니까?

B. 유아세례의 근거는?
  (1) 교리적 기초 -
  (2) 성경적 근거 -
  (3) 사도적 관례(전통) -

제 **44** 과
성 찬

요절 고린도전서 10 : 16-17, 11 : 26

성찬의 제정에 대하여 성경은 네 번씩이나 언급하고 있다(마 26 : 26-29, 막 14 : 22-25, 눅 22 : 17-20, 고전 11 : 23-26). 성찬 곧 주의 만찬(Lord's Supper)은 성만찬(communion) 또는 성찬식(eucharist)이라고도 부른다. 우리가 성찬을 지키는 목적은 주예수 그리스도의 죽음을 항상 기억하려는 데 있다.

1. 성찬의 의의

성찬은 주 예수께서 잡히시던 날 밤에 제정하신 거룩한 예식이다(마 26 : 26-29). 즉, 성찬이란 그리스도께서 정하신 대로 떡과 포도즙을 주고 받음으로써 그의 죽으심을 나타내보이는 것이다. 여기서 떡은 세상의 생명을 위하여 주신 바 된 그리스도의 몸을 상징하며, 포도즙은 죄사함을 받게하려고 많은 사람을 위하여 흘리신 그리스도의 피를 의미한다. 그러므로 성찬의 목적은 십자가에 못박혀 죽으신 예수 그리스도의 희생을 영적으로 나에게 적용시키며 주님의 재림시까지 그 구속사역을 끊임없이 기억하는 것이다(고전 11 : 26).

문1. 성찬을 처음 제정하신 분은? (마 26 : 26-29)

문2. 주의 성찬에서 떡은 무엇을 상징합니까? (눅 22 : 19)

또한 포도즙은 무엇을 의미합니까? (마 26 : 28)

_____

문3. 그러면 성찬의 참 목적은? (고전 11 : 26)

_____

_____

2. 성찬의 본질

성찬은 신자들이 그리스도와 더불어 그들 상호간에 갖는 연합과 친교를 뜻하기도 한다.

그런데 예수 그리스도는 성찬 예식에 결코 육체적으로나(천주교 의 화체설) 장소적으로(루터의 공재설) 임재하시지 않는다. 다만 영 적으로 그곳에 임재해 계신다(칼빈의 영적 임재설).

참 신자들, 오직 그들만이 성령 하나님의 인격적이고 직접적인 임재를 통해서 그리스도의 인성과 관련해서 뿐만 아니라 그의 신성 에 관련하여 그를 받으며 먹고 그와 더불어 연합하고 교통한다. 그 러므로 성찬의 본질은 영적으로 그리스도의 살과 피를 먹고 마시며 믿음으로 십자가의 죽으심과 그 모든 유익(혜택)을 받아 자신에게 적용시키려는 데 있다.

문4. 성찬의 의의는 어디에 있나요? (고전 10 : 16-17)

_____

문5. 주의 성찬에서 떡과 포도즙의 영적 의미는? (요 6 : 53-57)

_____

_____

3. 성찬의 참여자

성찬은 누구를 위하여 제정되었나?

오직 신빙성있는 신앙고백을 하는 사람, 주님의 성찬의 의미를 충분히 깨달은 사람, 그리고 주님의 계명에 순종하는 사람만이 그 성찬예식에 정당하게 참여할 수 있다. 교회 밖의 불신자들이나 어린아이들은 절대로 성찬예식에 참여할 수가 없다. 또한 악하고 불경건하고 무지한 사람도 성만찬에 참여시키지 말아야 한다. 참된 신자라도 그들의 영적 생활의 상태나 하나님과의 관계, 동료 신자들에 대한 태도 여하에 따라 성만찬 같은 신령한 행사에 참여할 자격을 손상시킬 수가 있다(고전 11 : 28-29).

문6. 주의 성찬에 합당하게 참여하려면 어떻게 해야 합니까? (고전 11 : 27-29)

① _____

② _____

문7. 그러면 어떠한 사람이 합당한 수찬자일까요?

① _____

② _____

③ _____

4. 적용

성찬식에 대비하는 가장 바람직한 태도는 어떠해야 합니까?

① 평상시 - _____

② 집례시 - _____

내세론(來世論)

육체적 죽음

영 생

중간기 상태

그리스도의 재림

천년기 (千年期)

죽은 자의 부활

최종 심판

최후 상태

제 **45** 과
육체적 죽음

요절 창세기 3 : 19

　사람은 누구나 한 번은 반드시 죽게 마련이다. 죽음은 예고없이
찾아오는 불청객이다. 어느 때나 어느 곳에서나 빈·부·귀·천,
유·무식을 막론하고 달려든다. 사망은 멈추라(stop)는 하나님의
준엄한 명령이니 아무도 이에 불복하지 못한다.
　"한 번 죽는 것은 사람에게 정하신 것이요……"(히 9 : 27)

1. 육체적 죽음의 정의
　육체적 죽음은 사람의 영혼과 육체가 서로 분리되는 것을 의미한
다(전 12 : 7). 즉, 신체는 화학적 요소들로 분해되어 흙으로 돌아
가서 부패하고 만다.
　그러나 영혼은 창조주와 심판주이신 하나님 앞으로 가게 된다.
이 세상의 물질은 결코 아주 없어지지 않는다. 하물며 사람은 영원
한 하나님의 형상으로 창조되었는데 어찌 죽어 없어져버릴 것인
가? 하나님은 자기의 창조물을 아무것도 멸절하시지 않기 때문이
다. 그러므로 사망은 존재가 아주 없어지는 것이 아니라 다만 사랑
스런 가족과의 이별이요, 다정스런 친구나 이웃과의 분리에 불과
하다.

문1. 육체적 죽음을 모면할 사람이 단 한 사람이라도 있을까요?
　　(히 9 : 27)

문2. 그러면 육체적 죽음이란 무엇인가요? 그 정의는? (창 3 : 19, 전 12 : 7)

_____

2. 죄와 사망과의 관계

사망은 사람의 범죄에 대한 하나님의 형벌이다(롬 5 : 12, 6 : 23). 인간의 범죄 직후에 하나님의 공의로써 죽음이 부과되었다 (창 2 : 17). 죽음은 이처럼 하나님의 진노의 표현이요(시 90 : 7, 11), 심판이요(롬 1 : 32), 정죄요(롬 5 : 16), 저주이며(갈 3 : 13), 인간의 마음 속에 공포를 채워주는 것이다.

실제로 죄악 가운데 있는 타락한 인간은 어쩔 수 없이 죽어야만 한다.

죽음은 전인류 각 개인이 반드시 겪어야 하는 일종의 체험인 것이다.

문3. 사람은 도대체 왜 반드시 죽게 되는 것일까요? (롬 5 : 12, 6 : 23)

문4. 일시적으로 사망권세를 잡고 있는 자는 누구입니까? (히 2 : 14 하)

_____

3. 신자의 죽음의 의의(意義)

성경은 사망이 죄의 결과요, 하나님의 형벌이라고 언급하고 있다(창 3 : 19). 그러나 신자는 이미 죄책(罪責)에서 벗어났거늘 어찌하여 반드시 죽어야만 하는가? 그들은 정죄상태에 있지 않기 때문에 죽음이 형벌이 될 수 없다. 그러므로 신자에게 있어서 죽음은 분명히 하나님께서 자기 백성을 그의 거룩하심에 참여케 하시려는 징계의 수단이요, 훈련의 방편이다(히 12 : 6, 10).

"성도의 죽는 것을 여호와께서 귀중히 보시는도다"(시 116 : 15)

문5. 때때로 의인이나 자비한 자가 악인보다 빨리 죽는 이유는?
(사 57 : 1-2)

_____

주 안에서 죽는 자들이 축복된 근거는 어디에 있나요? (계
14 : 13)

_____

_____

문6. 그러므로 신자의 죽음의 의의는? (히 12 : 6, 10)

_____

_____

4. 적용

A. 육체적, 영적, 영원한 사망을 각각 간단히 설명하여 보십시오.
① 육체적 사망- _____
② 영적 사망- _____
③ 영원한 사망- _____

B. 신자의 죽음에 대한 바람직한 태도나 자세, 그리고 그 대비책
은?
① 자세 및 태도- _____

② 대비책- _____

_____

제 46 과
영 생

요절 요한1서 5 : 11-12

인류 중 절대 다수는 항상 내세에서의 생애를 믿어왔다. 이것은 극히 중요한 인생의 문제이다. 그러나 우리 영혼이 다른 세상에 가서 생존을 계속한다는 것과 우리의 현재 신체들이 장차 다시 살아나서 영존(永存)한다는 것은 성경을 그대로 믿는 신자들에게 그다지 놀랍거나 신비로운 일은 아니다.

1. 영생(永生)의 의미

영생에 대한 용어에는 '아다나시아'(immortality) 곧 불사(죽지 아니함)와 '아이오니오스 조에'(eternal life) 곧 영생이 있다. 불사(不死)는 모든 영혼의 단순한 영속(永續)을 의미하나 영생은 신자들의 장래 복된 생(生)의 영속을 뜻한다.

가장 절대적인 의미의 영생은 오직 하나님에게만 있다(요일 5 : 20).

"오직 그에게만 죽지 아니함이 있고"(딤전 6 : 16)

그리고 최고 의미의 영생은 죽음과 관계없고 심지어는 죽을 가능성조차 전혀 없는 인생의 지복(至福) 상태를 가리킨다. 이 영생은 하나님께서 그리스도를 통해서 값없이 주시는 은총의 선물이다(롬 6 : 23).

문1. 영생에 대한 두 가지 용어와 그 의미는?(요 17 : 3, 고전 15 : 53)

① _____

② _____

문2. 가장 절대적 의미의 영생은 오직 누구에게만 있습니까? (딤
전 6 : 16, 요일 5 : 20)

_____

문3. 최고 의미의 영생이란 무엇입니까? (눅 20 : 36 상, 고전
15 : 54)

_____

2. 특별계시의 증언

신·구약 성경은 영생을 이미 기정사실로 인정하고 있다.

(1) 구약에서의 영생신앙

사후(死後)에도 사람의 영혼은 계속적으로 존재한다. 인간은 하나
님의 형상을 따라 영적인 존재로 지음받았기 때문이다 (창 1 : 26, 2 :
7). 구약 인물의 별세를 이 세상에서 다른 세상으로 가는 것이라고 묘
사한 것은 내세에 대한 확신의 표현이었다 (창 15 : 5, 삼하 12 : 23).

"에녹이 하나님과 동행하더니 하나님이 그를 데려가시므로 세상에
있지 아니하였더라"(창 5 : 24). 이밖에 죽은 자의 부활을 언급한 점
(사 26 : 19, 단 12 : 2), 그리고 사후에 육체를 떠난 영혼이 하나님을
뵈옵고 교통할 것을 표현한 것도(욥 19 : 26, 시 16 : 10-11, 17 : 15)
내세가 분명히 있음을 보여주고 있는 것이다.

(2) 신약에서의 영생신앙

선한 자나 악한 자의 영혼은 계속적으로 존재한다(마 10 : 28, 고후
5 : 10). 영생의 모든 증거들 중에 가장 인상적이고 결정적인 것은 그
리스도의 부활이다. 이것은 무덤 저편에 있는 영생에 대한 최고의 증
명인 것이다(계 1 : 18, 딤후 1 : 10). 신자의 부활은 육체의 구속과
더불어 하나님과 교통하는 완전한 생 즉, 행복이 충만한 영생에로의
전입(轉入)을 의미한다. 그러나 악한 자의 부활은 신체가 다시 고쳐
져서 새롭게 됨(경신)과 그 영육이 계속적으로 존재함을 의미할 것이

나 그것은 다만 영벌이나 영사(永死)일 뿐이다.

문4. 죽음을 보지 않고 승천(昇天)하여 내세의 영생에 들어간 구약 성도 두 사람의 이름은? (창 5 : 24, 왕하 2 : 11)

_____

문5. 욥기 19 : 26에서 "내가 육체 밖에서 하나님을 보리라"고 한 것은 어떠한 의미를 갖고 있나요?

문6. 영생의 증거들 가운데 가장 뚜렷한 것은? (고전 15 : 20, 계 1 : 18)

_____

문7. 우리가 영생을 얻는 비결은 무엇인가요? (요 3 : 16, 요일 5 : 11-12)

그런즉 이 영생의 특색은? (롬 6 : 23)

_____

3. 적용
영생신앙의 결과에 대하여 생각하여 보십시오.

① _____

② _____

③ _____

제 **47** 과
중간기 상태

요절 빌립보서 1 : 23

성경은 사람의 생애를 세 단계로 구분하고 있다. 첫째는 탄생에
서 죽음까지의 기간(육체를 가지고 이 세상에서 사는 동안), 둘째
는 중간기 상태(죽음과 부활 사이의 몸이 없는 생활), 셋째는 부
활의 몸으로 사는 것(마지막 영원한 상태) 등이다.

1. 중간기 상태란
이것은 사람의 영혼이 사망과 부활 사이에 존재하는 상태나 정경
(情境)을 말한다.

즉, 현재의 상태와 최종적 상태(부활체) 사이의 중간적인 상태
이다.

그러면 죽은 자의 영혼은 도대체 어디로 가게 되는 것일까?

육체를 떠난 영혼들은 천당과 지옥 두 장소로 각각 가게 된다.

그리스도인이 임종시에 눈을 감으면 다음날 아침 그는 주님과 함
께 있게 될 것이다(고후 5 : 8). 그러나 인간의 육체는 흙으로 돌
아가 그리스도의 재림시에 부활할 때까지 그의 무덤에서 쉬며 온전
한 구속을 기다리게 된다.

문1. 중간기 상태란 어떠한 상태를 말하고 있습니까?

_____

_____

문2. 육체를 떠난 영혼들이 가게 되는 두 장소는?

2. 성경적 중간기 처소관

사후 영혼들의 중간기 상태는 천당과 지옥에서 보내게 되는 것이며 중간기 처소가 따로 있지 않다는 것이 성경적인 견해이다.

즉, 의인과 악인은 다 죽은 후에 즉시 영생과 영벌의 장소에 간다.

(1) 의인은 천당에서

성경은 신자의 영혼이 신체와 분리된 때에 즉시 그리스도 앞으로 간다고 가르친다(고후 5 : 8, 빌 1 : 23).

"우리가 담대하여 원하는 바는 차라리 몸을 떠나 주와 함께 거하는 그것이라"(고후 5 : 8)

낙원(눅 23 : 43)이나 아브라함의 품(눅 16 : 22), 그리고 셋째 하늘(고후 12 : 2) 등은 모두 천국을 나타내주고 있는 용어들이다.

의인의 중간기 상태는 의식적인 행복의 상태이다(안식과 축복의 기간).

여기서 안식은 게으름(나태)과 활동이 전혀 없는 것을 의미하지 않는다.

다만 자신의 노력에 만족하고 그 성취의 기쁨을 만끽하는 것이다(계 14 : 13). 또한 모든 악, 시험, 공격, 그리고 세상의 유혹으로부터 100% 자유 해방됨을 뜻한다.

(2) 악인은 지옥에서

악인은 죽은 후에 즉시 영벌의 처소인 지옥으로 들어간다. 누가복음 16장의 부자와 나사로 비유는 그 좋은 예다.

"악인이 음부(스올)로 돌아감이여 하나님을 잊어버린 모든 열방이 그리하리로다"(시 9 : 17)

음부(헬 ; 하데스, 히 ; 스올)는 지옥(게헨나)과 같은 의미를 갖고 있다. 악인에게 있어서 중간기 상태는 의식적인 수난의 상태이다. 음부에서 고통 중에 지내며 불꽃 가운데서 고민하는 것은 그가 (악인) 현세에서 경험하지 못한 수난인 것이다 (마 13 : 20, 막 9 : 48-49, 눅 16장).

문3. 신자의 영혼은 죽은 후에 즉시로 어디에 가게 될까요 ? (고후 5 : 8)

_____

이에 대한 성경적인 증거나 실례 하나는 ? (눅 23 : 43)

_____

문4. 의인의 중간기 상태는 어떠합니까 ? (롬 8 : 21-23, 계 14 : 13)

_____

문5. 악인은 죽은 후에 즉시 어느 곳으로 갑니까 ? (시 9 : 17, 눅 16 : 22)

_____

문6. 지옥에서의 악인의 고통이나 형벌의 상태는 어떠합니까 ? (마 13 : 20, 막 9 : 48-49)

_____

3. 적용

이 세상 (현세)에서 구원받지 못하고 죽은 사람은 내세에 또다른 기회가 주어질까요 ?

_____

_____

제 48 과
그리스도의 재림

요절 사도행전 1 : 11

예수 그리스도는 어린 양이신 동시에 다윗의 사자이시다 (계 5 :
5-6). 즉, 그는 성육신하신 구세주이시며, 영광 중에 다시 오실
심판주이시다. 그의 탄생을 초림 (First Coming)이라고 하고 장차
다시 오시는 것을 재림 (Second Coming)이라고 한다.

1. 재림 전의 대사건들

그리스도께서 다시 오시기 전에 몇가지 중대한 사건들이 반드시
일어날 것이다.

(1) 복음의 세계적 전파 (이방인의 부르심)

주의 재림 전에 먼저 천국의 복음이 만국에 전파되어질 것이다 (마
24 : 14, 막 13 : 10, 롬 11 : 15). 신약시대에 이방인의 상당한 수가
천국에 들어올 것을 성경은 증언한다 (마 8 : 11, 행 15 : 14, 롬 9 : 24
-26).

(2) 이스라엘 전국의 회심 (回心)

그리스도의 귀환 때에 생존하는 이스라엘 민족의 실질적인 전 수가
회개하고 주께 돌아올 것이다 (슥 12 : 10-13, 롬 11 : 25-29). 로마서
11 : 26의 '온 이스라엘'은 구약시대 언약의 백성으로 선택하여 낸 충
만한 수를 의미한다.

(3) 적그리스도의 출현

적그리스도는 하나님과 그리스도에 대항하는 자이다. 멸망의 아
들, 불법의 사람, 자칭 하나님이라는 자를 말한다 (살후 2 : 1-11).

(4) 대배교와 대환난, 징조와 기사

각 처에 전쟁과 기근, 지진이 있게 되고, 많은 사람이 믿음에서 떠나 미혹케 하는 영의 가르침을 받으며, 거짓 선지자들이 나타나고, 지상에는 무서운 대환난(박해와 순교)이 있을 것이다.

문1. 주님의 재림 전에 반드시 이루어져야만 할 일은? (마 24 : 14, 막 13 : 10)

_____

그 이유는 무엇입니까? (롬 11 : 25, 마 8 : 11)

_____

_____

문2. 그리스도께서 다시 오시기 전에 누가 먼저 나타나게 될까요? (살후 2 : 1-4)

_____

2.재림 자체-시기와 양식

(1) 재림의 시기

예수 그리스도께서 다시 오실 **그 때**는 과연 언제인가? 가장 성경적인 견해는 천년왕국 이전에 예수 그리스도께서 다시 오신다는 것이다 (계 19 : 11-21, 20 : 1-6).

그리고 그리스도께서 대환난 끝에 영광으로 나타나리라는 것을 성경은 명백히 가르친다(마 24 : 29, 31). 그러나 그리스도께서 다시 오실 정확한 날짜와 시간(그 날과 그 때)은 아무도 모른다(마 24 : 36).

(2) 재림의 양식

"너희 가운데서 하늘로 올리우신 이 예수(this same Jesus)는 하늘로 가심을 본 그대로(in like manner) 오시리라"(행 1 : 11)

a. 자신적 강림-예수 그리스도 자신(自身)이 친히 오실 것이다(행 1 : 11).

b. 신체적 강림-그리스도께서 부활하신 육체를 가지고 오실 것이다

(행 1 : 11).

c. 가견적 강림-그리스도께서 돌아오실 때 사람들이 볼 수 있게 오실 것이다 (계 1 : 7).

d. 돌연적 강림-그리스도께서 도적같이 갑자기 오실 것이다 (마 24 : 42-44).

e. 영광적, 승리적 강림-천사들과 함께 영광스럽게 승리적으로 다시 오실 것이다 (마 16 : 27).

f. 종말적, 완성적 강림-악한 자 징벌, 택한 백성의 구원을 완성하시기 위하여 다시 오실 것이다 (살후 1 : 7-10, 히 9 : 28).

문3. 그리스도의 재림의 시기는 언제입니까? (계 20 : 4-6, 마 24 : 29-31)

_____

문4. 그러나 그 날과 그 때 곧 그리스도의 재림의 정확한 시간은 누구만 아시나요? (마 24 : 36)

_____

문5. 그리스도의 재림의 양식에 대한 가장 표준적인 성구 하나는?

_____

문6. 주 하나님 (그리스도)의 별명은? (히 10 : 37, 계 1 : 8 하)

_____

_____

3. 재림의 목적

예수 그리스도는 세계의 종말에 내세 즉 영원한 시대를 소개하실 목적으로 오실 것이다. 그리고 그는 죽은 자의 부활과 천년왕국, 최종심판 같은 큰 사건들을 시작하고 완성하심으로써 이 목적을 달성하실 것이다.

우리 주의 재림 때에 그 안에서 죽은 자들은 다시 살아나며 (부활), 그 때까지 살아남은 성도들은 변형된다(휴거). 그리고 교회는 어린 양의 혼인잔치에 참여하고 성도의 상이나 면류관을 받게끔 될 것이다. 그러나 그리스도께서는 모든 악의 세력을 파멸하실 것이다.

문7. 재림의 목적은 무엇입니까?

_____

　　그 방법은? (방편들)

_____

문8. 그리스도 재림시에 성도들은 어떻게 될 것인가요? (살전 4 : 14-18)

　① 주 안에서 죽은 자들-_____

_____

　② 살아있는 성도들-_____

_____

4. 적용

　그리스도의 재림을 대망하는 성도의 바람직한 사고방식과 생활 태도는 어떠해야 합니까? (마 25장 참조)

　① _____

_____

　② _____

_____

　③ _____

_____

제 **49** 과
천년기(千年期)

요절   요한계시록 11 : 15, 20 : 4

천년왕국은 요한계시록 **20 : 4-6**에 있는 '천년동안 왕노릇하리라'
라는 말씀에 의한 명칭이다. 이것은 최후심판 이전에 사단이 결박
되고 순교한 성도들과 진정한 성도들이 장차 그리스도와 함께 천년
동안 지상에서 왕노릇한다는 견해이다. 이에 대해서 세 가지 학설
이 있다-무천년기설, 후천년기설, 전천년기설.

1. 무천년기설(無千年期說 ; Amillennial Theory)

이것은 문자적인 의미의 천년왕국은 없고 다만 신체를 떠난 영혼
들이 하늘에서 그리스도와 함께 영적으로 왕노릇한다는 이론이다.
이 견해에 의하면 요한계시록 20장에 나오는 천년은 '완전' 혹은
'완성'을 의미하며 그리스도의 초림부터 재림사이의 기간이라고 주
장한다(상징적 해석).

무천년기 재림론은 화란 신학자 아브라함 카이퍼, 헐만 바빙크
와 루이스 벌코프, 게할더스 보스 등이 주장하고 있다. 이 견해에
대한 가장 최근의 대표자는 윌리암 헨드릭슨 박사이며 그의 요한계
시록 주석과 내세론 등에 잘 나타나 있다.

2. 후천년기설(後千年期說 ; Postmillennial Theory)

이것은 그리스도의 재림에 앞서 천년왕국이 이 세상에 도래한다
는 이론이다. 즉, 복음전파와 성령의 역사로 전세계가 기독교화되
리라는 주장이다. 천년기 후 재림론은 데이빗 브라운, 삼대 하지

로 불리우는 찰스 하지, 에이 에이 하지, 씨 더블유 하지, 스트롱, 워필드, 로레인 뵈트너 등이 주장하고 있다. 이 견해에 대한 대표작은 로레인 뵈트너의 「천년왕국(The Millennium)」이다.

3. 전천년기설(前千年期設 ; Premillennial Theory)

그리스도께서 재림하신 다음 천년 동안 이 지상 왕국을 다스리시고 그 이후에 하나님의 구속사역의 최후 절정을 이룰 새 하늘과 새 땅이 도래(到來)한다는 견해이다. 초대교회 터툴리안, 이레니우스, 저스틴 등이 주장하였고, 한국의 박형룡 박사와 박윤선 박사의 이론이기도 하다. 가장 최근의 신진 변호자는 미국 풀러신학교 죠오지 엘돈 래드 교수이며, 그의 주요 저서인 「복된 소망」「하나님 나라의 복음」「미래의 실존」「요한계시록 주석」 등에 잘 수록되어 있다. 이 '역사적 천년기 전 재림론'이 가장 성경적인 견해로 간주된다.

특 주

요즈음 시중에 범람하고 있는 '세대주의적 천년기 전 재림론'은 비성경적인 견해이므로 특별한 주의를 요한다. 이 이론에 의하면 주의 재림은 공중재림(환난 전)과 지상재림(환난 후)으로 나누인다. 세대주 대표적 학자로는 스코필드, 존 F. 월부어드, 홀린세이, 에릭사우어 등이 있으며 그들의 주요 저서들은 「천년왕국」「공중 휴거」「신세계 도래」「대지구 유성의 종말」「휴거」「마지막 세대」가 있으며 그 외에 「인류의 종말」「아마겟돈 전쟁」「666과 세계 정부」 등도 이에 해당된다.

문1. 천년기설(일명 천년왕국)에 대한 성경적인 근거는?

문2. 그러면 천년왕국이란 무엇입니까? (계 20 : 4-6, 11 : 15)

_____
_____
_____

문3. 이 지상 천년왕국에 참여할 자들은 구체적으로 어떠한 사람들인가요? (계 20 : 4)

① _____
_____

② _____
_____

문4. 무천년기설의 견해는?

_____
_____

문5. 후천년기설의 주장은?

_____
_____

문6. 전천년기설(특히 역사적인 천년기 전 재림론)의 이론은?

_____
_____

문7. 천년기설에 대한 세 가지 이론 가운데 가장 성경적인 견해라고 볼 수 있는 것은?

_____

4. 적용

세대주의적 천년기전재림론의 그릇된 점을 두 가지 지적하여 보십시오.

① _____
_____

② _____
_____

제 50 과
죽은 자의 부활

요절   다니엘 12 : 2

  사람이 죽으면 어찌 다시 살리이까? (욥 14 : 14)
  이것은 비단 구약 성도 욥 자신만의 질문이 아니라 오늘날 이 세
상에 살고 있는 전 인류의 공통적인 관심사요 의문일 것이다. 부활
은 어느 날 죽은 자의 몸과 영이 되살아나는 것이다.

1. 부활의 성경적인 증명
  구약성경에서 부활에 대한 가장 뚜렷한 귀절은 다니엘 12 : 2이
다.
  "땅의 티끌 가운데서 자는 자 중에 많이 깨어 영생을 얻는 자도
있겠고 수욕을 받아서 무궁히 부끄러움을 입을 자도 있을 것이며"
(단 12 : 2), 그리고 구약 성도 욥의 유명한 진술(욥 19 : 25-27)과
이사야 26 : 19에서도 매우 명백히 표현되었다.
  예수 그리스도의 육체적 부활이 신자들의 부활의 보증이요 약속
이라는 것은 신약의 의문없는 교훈이다. 신약의 표준적인 성구는
고린도전서 15장이다. 그리고 다른 중요한 귀절들은 데살로니가전
서 4 : 13-17, 고린도후서 5 : 1-10, 요한계시록 20 : 13 등이다(요
5 : 25, 28 참조).

문1. 죽은 자들은 이전에 살았던 그 동일한 몸으로 다시 살아나게
    됩니까? (욥 19 : 26, 사 26 : 19)

문2. 신자들의 부활은 어디에 근거하고 있습니까? (고전 6 : 14, 15 : 20-23)

_____

2. 부활의 성질

A. 육체적 부활-그리스도의 구속은 우리의 영혼뿐만 아니라 육체의 구속을 또한 포함한다(롬 8 : 23, 고전 6 : 13-20). 그러므로 신자들도 그리스도의 부활처럼 육체적으로 다시 살아나게 될 것이다(롬 8 : 11). 즉, 부활의 몸과 지상(地上)의 몸은 동일하다. 그러나 부활체는 보통 육체가 아니라 성령에 의해서 전적으로 지배를 받는 신령한 몸(spiritual body)이다 (고전 15 : 44-49).

B. 의인과 악인의 부활-신자들의 부활은 의인의 부활(눅 14 : 14)이요 생명의 부활(요 5 : 29)이다. 그러나 불신자의 부활에 대해서는 심판의 부활(요 5 : 29)이나 악인의 부활(행 24 : 15)이란 말로 표현되었다. 의인과 악인 양자가 다 신체와 영혼이 재결합되나 전자의 경우에는 완전한 생명(영생)을 가져다주고, 후자는 영사(永死)의 극형을 초래한다.

문3. 두 종류의 부활은? (단 12 : 2, 요 5 : 29)
① _____
② _____
문4. 신자가 장차 부활할 몸의 특색은? (고전 15 : 44, 빌 3 : 21)

_____

3. 부활의 시기

죽은 자는 과연 언제 부활하는 것일까?

신약성경 특히 사도 바울의 가르침에 의하면(고전 15장, 살전

4 : 16), 죽은 신자의 부활은 세계의 종말, 그리스도의 재림시에 일어난다. 이때 그리스도 안에 있었던 사람들은 되살아나자마자 즉시 변화될 것이다.

천년기전재림론의 입장에서 보면 성경은 이중 부활 즉, 천년기 직전에 성도의 부활과 그것의 종말에 악인의 부활을 가르친다(고전 15 : 23, 계 20 : 4-5)

아무튼 죽은 자의 부활은 그리스도의 재림(고전 15 : 23, 빌 3 : 20-21, 살전 4 : 16), 마지막 날(요 6 : 39-40), 그리고 최종 심판 (요 5 : 27-29, 계 20 : 11-15)과도 연관이 있을 것이 분명하다.

문5. 죽은 자의 부활 시기는 언제입니까? (요 6 : 40, 살전 4 : 16)

문6. 그리스도의 재림시까지 살아남아 있는 사람들의 경우는? (신자) (고전 15 : 52-54, 살전 4 : 16-17)

_____

_____

_____

4. 적용

부활체의 특색은 무엇입니까? (눅 20 : 34-36, 고전 15 : 42-49)

① _____

② _____

제 **51** 과
최종 심판

요절 고린도후서 5 : 10

　심판이란 하나님께서 그리스도 안에서 모든 이성적이며 도덕적인 피조물들에 대해서 그 옳고(선) 그름(악)을 가려서 상, 벌 주는 것을 의미한다. 여기서 이성적이며 도덕적인 피조물들은 사단과 악한 천사들과 온 인류를 모두 포함하고 있다. 그러므로 이 심판의 대상에서 제외될 자는 아무도 없다.

1. 심판장과 그 보조자들
　중보자(仲保者) 예수 그리스도께서 심판주가 되실 것이다(마 25 : 31-32, 요 5 : 27). 즉, 하나님께서는 예수 그리스도로 말미암아 세상을 공의로 심판하신다(행 17 : 31).
　"아버지께서 아무도 심판하지 아니하시고 심판을 다 아들에게 맡기셨으니"(요 5 : 22)
　천사들도 이 대심판에 그 협조자로 봉사하게 되고(마 13 : 41-42, 24 : 31), 성도들도 어떤 의미에서 그리스도와 함께 앉아 심판할 것이다(시 14 : 5, 9, 고전 6 : 2-3, 계 20 : 4).

문1. 장차 온 인류를 공의로 심판하실 분은 누구이십니까? (행 10 : 42, 17 : 31)

문2. 하나님께서 그리스도에게 심판의 권세를 맡기신 이유는? (요 5 : 22, 27)

문3. 이 최종심판의 보조자와 협조자들은? (마 24 : 31, 25 : 31, 고전 6 : 2-3)

2. 심판의 대상과 그 시기

심판은 선한 천사들을 제외한 모든 인격적 피조물들에게 임할 것이다. 성경은 적어도 악한 천사들과 전 인류라는 두 무리의 심판 대상이 있을 것을 분명히 지시한다(벧후 2 : 4, 유 1 : 6, 행 10 : 42). 사단과 그 귀신들도 심판날에 최후 비운(悲運)을 당할 것이다.

인류 한 사람, 한 사람이 심판대 앞에 드러나게 될 것은 명백한 사실이다(롬 14 : 10, 고후 5 : 10).

최종심판(일명 마지막 심판)은 각 사람의 전생애에 대한 판단이기 때문에(히 9 : 27) 죽은 자의 부활 직후에 있을 것이다(요 5 : 28-29, 계 20 : 12-13).

문4. 심판의 대상은 어떠한 사람들인가요? (행 10 : 42, 딤후 4 : 1)

문5. 그러면 사단과 그의 부하(귀신)들의 최후 운명은? (계 20 : 10, 마 25 : 41)

문6. 우리 각 사람은 과연 언제 심판받게 될까요? (요 5 : 28-29, 히 9 : 27, 계 20 : 12-13)

3. 심판의 준칙과 근거

성도들과 죄인들은 그들에게 계시된 하나님의 뜻에 따라 심판받는다. 심판에서 천국에 들어가느냐 못 들어가느냐는 그가 예수 그리스도의 의를 옷입었느냐 여부에 달려있다. 그리스도를 떠나서는 어느 때든지 구원이 없다(요 3 : 16, 14 : 6, 행 4 : 12, 고전 3 : 11).

심판의 근거는 각 사람이 지상 생활(현세)에서 가진 성격, 사상, 언어, 행위 등이다. 하나님께서는 각 사람의 행위대로 보응하신다(롬 2 : 6). 그러나 복음을 들은 자의 장래 운명은 그리스도에 대한 태도에 의해 결정된다(요 1 : 11-12, 3 : 18, 36).

문7. 심판의 준칙(표준)은 무엇입니까? (눅 12 : 47-48)

문8. 그러면 심판의 일반적인 근거는? (롬 2 : 6)

문9. 심판의 특별 근거는? (요 1 : 11-12, 3 : 18, 36)

4. 적용

A. 심판의 대상에서 제외될 사람이 단 한 사람이라도 있을까요? (히 9 : 27, 계 20 : 12)

B. 그리스도인의 심판에 대해서 간단히 진술하여 보십시오. (롬 14 : 10-12, 고전 3 : 10-15, 고후 5 : 8-10)

제 **52** 과
최후상태

요절   마태복음 25 : 46

마지막 심판에 의하여 결정된 온 인류의 운명은 결국 어떻게 될 것인가?

성경에 의하면 그 최후상태(The Final State)는 영벌(永罰)이나 영생(永生)의 두 가지 가운데 하나일 것이다(마 25 : 46). 즉, 악인은 영벌로 가고 의인은 영생으로 갈 것이다.

1. 악인의 최후상태

(1) 악인의 처소

악인들의 영원한 형벌의 장소는 지옥이다. 즉, 최종심판의 결과 악인들의 영혼과 몸은 지옥으로 보내질 것이다.

지옥(게헨나)은 성경에서 풀무불(마 13 : 42), 영영한 불(마 18 : 8), 불못(계 20 : 14-15), 바깥 어두운 곳(마 22 : 13) 등으로도 표현되고 있다.

(2) 영벌의 상태

심판은 회개하지 않은 악인들에게 영원한 고초를 가져다 줄 것이다. 이들은 하나님의 은총을 전혀 상실하고 끝없는 불안을 경험할 것이다. 또한 신체와 영혼의 극렬하고도 무서운 고통을 당하며 양심의 번뇌와 실망을 느끼고 울며 이를 갈 것이다(마 8 : 12, 13 : 50, 막 9 : 47 -48, 눅 16 : 23, 28, 계 14 : 10).

악인들의 형벌에는 등급이 있을 것이다. 즉, 그들이 받은 빛에 역행한 죄에 비례할 것이다(눅 12 : 47-48).

(3) 형벌의 기간

마태복음 18 : 8, 25 : 46, 요한복음 10 : 28 등에서 성도의 생명과 악인의 형벌을 아울러 묘사하고 있다. 전자가 영생을 의미함에 틀림없으니 후자 역시 영벌을 뜻한다. 즉, 악인들의 내세 형벌은 분명히 영원한 고통인 것이다.

문1. 악인들의 영원한 고통의 장소는 어디입니까? (마 25 : 41, 계 21 : 8)

_____

문2. 지옥은 영혼만의 고통의 장소인가요? (마 10 : 28)

_____

문3. 악인들의 고통의 상태는 어떠한가요? (마 8 : 12, 막 9 : 47-48)

_____

문4. 이 고통이나 형벌은 무엇에 정비례할까요? (눅 12 : 47-48)

_____

문5. 악인들의 경우에 그 형벌의 기간은? (마 25 : 46, 계 20 : 10)

_____

2. 의인의 최후상태

(1) 새 창조(신천 신지)

현 세계는 떠나가고 새 하늘과 새 땅이 드러날 것이다. 그러나 이 미래의 창조는 전적으로 새 창조가 아니라 현존 세계의 갱신일 것이다 (시 102 : 26-27, 히 12 : 26-28). 즉, 절멸이 아니라 변형을 의미한다.

(2) 의인의 영원한 거처

의인들의 영생을 위한 처소는 통상적으로 '천당'이라고 칭한다. 천당은 하나의 장소이지 상태가 아니다. 그것은 거할 곳이 많은 아버지의 집인 것이다 (요 14 : 2) . 신자들은 그 안에 있고 불신자들은 그 밖에 있게 될 것이다 (마 22 : 12-13, 25 : 10-12) .

(3) 상급의 성질

의인의 상급 혹은 보상은 영생이다. 이것은 현재의 불완전이나 고통이 전혀 없는 충만한 생 (生), 하나님과 더불어 교통하는 생 (계 21 : 3), 완전한 행복을 무한히 누리는 삶인 것이다. 그러나 이 천당의 복락 (福樂)에도 역시 등급이 있을 것이다 (단 12 : 3, 고후 9 : 6) .

문6. 새 하늘과 새 땅의 특색은? (시 102 : 26-27, 히 12 : 26-28)
_____

문7. 의인의 영원한 거처 (거주지)는? (요 14 : 2, 고후 5 : 1)
_____

문8. 의인의 보상이나 상급은 무엇입니까? (요 3 : 16, 10 : 28)
_____

3. 적용

A. 지옥의 고통 (악인의 형벌)에 대해서 간단히 진술하여 보십시오. (눅 16 : 19-31)

① _____
_____
② _____
_____
③ _____

B. 의인의 영생의 성질 (특색)은?

① _____
② _____
③ _____

해 답

제1과 종 교

① 영원(내세, 영생, 천국 등)을 사모하는 마음 ② 인간의 심중(心中)에 종교심(신지식)이 있기 때문이다 ③ 하나님을 경외하고 그 명령을 지키는 것 ④ 절대로 알 수가 없다 ⑤ 하나님의 계시를 받은 자 ⑥ 하나님의 영(성령)을 받아 그 가르치심을 받음으로써 ⑦ 마음이 청결한 자 ⑧ 마음, 뜻, 성품, 목숨, 힘을 다하여 사랑하여야 한다 ⑨ 마음을 다하여 그 뜻을 준행한다(골 3 : 23-24 참조).

◆ 적용

A. 하나님을 경외하고 그 명령을 지키는 것이다 B. 성실과 진정으로 섬긴다/경건함과 두려움으로 섬긴다.

제2과 계 시

① 아무도 없다 ② 그 행위를 모세에게, 그 행사를 이스라엘에게 알리셨다(시 76 : 1 참조) ③ 하나님의 영원하신 능력과 신성 ④ 하나님을 바로 알지 못하였다/피조물을 경배하고야 말았다 ⑤ 성령의 감동을 입은 사람들이 하나님께 받아 말한 것이다 ⑥ 하나님 자신의 말씀을 확실히 증거함에 있다(이적은 그 수단이요 방편이다-행 2 : 22, 히 2 : 4 참조) ⑦ 성육신(그리스도께서 인간의 몸을 입으시고 이 세상에 오신 사건)

◆ 적용

A. 그 아들 예수 그리스도로 말씀하신다(요 1 : 1, 14) B. 죄인의 구원(구속사역의 완성)

제3과 성경의 영감

① 하나님의 감동(성령의 영감)으로 주어졌다 ② 하나님의 신(성령)이 저작자요 그 편집자이기 때문이다 ③ 성령께서 사람들(선지자, 사도, 기자들)의 입을 의탁하사 전해진 것이다 ④ 지혜의 글이었다(그 받은 지혜대로 쓴 글) ⑤ 주의 명령과 동일시했다 ⑥ 완전 축자 영감-성경은 문자 하나 하나 일점 일획에까지 영감되었다 ⑦ 신약 27권, 구약 39권 도합 66권뿐이다.

◆ 적용

신·구약 성경은 다 하나님의 감동(영감)으로 주어진 말씀이기 때문이다(하나님 자신의 말씀).

제4과 성경의 속성

① 성경은 하나님 자신의 말씀이요 그 증거이기 때문이다 ② 신앙과 행위에 대한 유일한 규범이요 표준이다 ③ 영원까지 이른다(세세토록 유효함) ④ 성

경은 절대로 폐해질 수가 없다-하나님의 특별하신 배려와 보존의 섭리가 언제나 있기 때문이다 ⑤ 그렇다. 성경만으로 충분하다 ⑥ 신령한 사람(성령의 사람)-성령의 가르치심을 받는 자이다 ⑦ 그렇다 정경(正經)은 오직 신·구약성경 66권뿐이다 ⑧ 현재 살고 있는 우리의 교훈을 위한 것이다. 즉, 성경의 안위와 인내로 소망을 가지게 함에 그 목적이 있다.
◆ 적용
A. 절대로 필요하지 않다. 성경만으로도 충분하다 B. 예수께서 그리스도이심을 믿고 영생을 얻는 것이다

제5과   하나님의 존재-신지식(神知識), 본질, 명칭
① 그렇다. 하나님을 알만한 것(일명 신지식 혹은 종교심)이 분명히 있다 ② 불가능하다(부분적으로 알 뿐이다) ③ 하나님의 자아계시를 통해서/참된 지각(understanding)을 부여받음으로써 가능하다 ④ 영(Spirit)이시기 때문이다 ⑤ 예수 그리스도 ⑥ 여호와(야웨) ⑦ 하나님(데오스)
◆ 적용
A. ① 어리석은 자(불가지론자) ② 교만한 악인(철저한 무신론자) B. 하나님을 더듬어 찾아 발견케 하려 하심이다.

제6과   하나님의 속성-절대적 성품
①여호와-스스로 계시는 분(자존자) ② 영원부터 영원까지 존재하시는 분(영원한 현존) ③ 그는 변하지 아니하시는 분이시다 ④ 그는 한 번 약속하신 것을 반드시 지키시는 분이시기 때문이다(신실하다) ⑤ 온전하시다(완전성) ⑥ 영원하신 분(시간 초월) ⑦ 하나님은 어디든지 계시기 때문이다 ⑧ 절대로 없다. 여호와 하나님 한 분뿐이시다.
◆ 적용
우리 하나님 여호와는 절대, 자존, 불변, 무한하신 분이시기에 다른 무엇과 비교할 수 없는 독특한 영(Spirit)이시다는 의미이다(독특성).

제7과   하나님의 속성-보편적 성품
① 알 자가 결코 없다/하나님의 지식과 지혜는 심히 깊고도 부요하기 때문이다(全知) ② 우리에게 베푸신 그의 선하심(인자하심)이 영원하기 때문이다 ③ 독생자 예수 그리스도를 통하여 우리를 살리심으로 그 사랑을 나타내셨다(요 3:16, 롬 5:8 참조) ④ 자신이 몹시도 가증하고 부패한 사람(죄인)임을 깨닫게 된다 ⑤ 환난과 안식, 형벌과 보상으로 각각 나타난다(순종자 보상, 불순종자 징벌) ⑥ 하나님/하나님은 그가 말씀하신 것이나 약속한 바를 반드시 실행하신다(믿음직스러운 분, 신실한 분이시다) ⑦ 오묘한 일(작정된 의지)와 나타난 일(교훈의 의지)이다 ⑧ 전능성(全能性)-그가 모든 것을 하실 수 있다는 것이다.
◆ 적용
하나님께서 무엇이든지 다 하실 수 있다고 오해하지 말아야 한다. 즉, 하나님은 그의 속성이나 성품에 어긋나는 일을 결코 행하실 수 없으시기 때문이다(거짓말, 약속 위반, 범죄 등 민 23:19, 삼상 15:29, 딤후 2:13, 히 6:18, 약 1:13, 17). 그러므로 하나님은 전능하시기 때문에 의지의 단순한 실천을 통해서 그가 이루시고자 결정하신 것은 무엇이든지 다 실현하실 수 있다

고 말함이 가장 합당하다.

제8과　　삼위일체(三位一體)

① 오직 단 한 분뿐이시다　② 삼위는 세 인격 곧 성부·성자·성령 하나님을 각각 의미한다　③ 세 인격 그러나 한 하나님　④ 우리(our)　⑤ 이사야 48 : 16(사 61 : 1)　⑥ 하나님(God)　⑦ 하나님　⑧ 성부에게서 영원히 탄생하셨다는 점이다　⑨ 지성, 감정, 의지를 갖고 계시기 때문이다.

◆ 적용

하나님은 본질적으로 한 분이시지만 이 한 분 안에 성부·성자·성령이라고 불리우는 삼위(三位) 곧 세 인격(three persons)을 가지고 계신다.

제9과　　하나님의 작정(作定)

① 전혀 존재하지 않는다. 다 하나님의 작정된 범위내에서만 이루어질 뿐이다　② 여호와 하나님　③ 하나님 아버지　④ 창세 전에(영원 전부터)/하나님 자신의 기뻐신 뜻(사랑)-신 7 : 6-8, 10 : 15 참조　⑤ 작정된 자(선택받은 자)　⑥ 영원한 멸망의 형벌을 받는다　⑦ 그 마음의 정욕 때문에/부끄러운 욕심 때문에/상실한 마음(하나님을 미워하는 마음) 때문에 그렇다.

◆ 적용

A. 죄에 대한 하나님의 작정은 보통 '허용적인 작정'이라고 부른다. 즉, 하나님은 피조물 스스로 결정한 죄악된 행위에 대해 방해(저지)하지는 않으시지만 그 결과를 조정(control), 통제(regulate)하시기로 결정하신 것이다(시 78 : 29, 106 : 15, 행 14 : 16, 17 : 30)　B. 하나님께 불의(不義)가 있을 수 없기 때문이다. 또한 그 분은 지극히 거룩하시며 모든 죄를 금하시고 미워하시기 때문이기도 하다(시 92 : 14, 롬 9 : 14, 요일 1 : 5)　C. ① 긍휼의 그릇(피택자)-구원　② 진노의 그릇(유기자)-멸망

제10과　　하나님의 창조

① 하나님의 말씀으로써　② a. 보이는 세계(물질세계) b. 보이지 않는 세계(영적세계)　③ 하나님의 영광을 나타내는 것/모든 것이 매우 좋았다(very good)　④ 선한 천사들/악한 천사들　⑤ 부리는 영으로서 구원 얻을 후사, 하나님의 자녀들을 섬기려 하심이다　⑥ 영원한 불바다(지옥행)　⑦ 엿새 동안(6일간)　⑧ 안식일 계명 때문이다(안식일이 정상적인 하루 24시간이므로 그 이전 6일도 역시 정상적인 날들이다).

◆ 적용

A. 진화론자들은 물질의 영원성을 믿고 생명의 기원을 자연발생에 돌린다. 즉, 단순한 형태(단세포)에서부터 점차 고등한 생물로 발전되어져 간다고 주장한다(대표자-찰스 다윈)　B. ① 우주의 기원을 설명하지 못한다(물질 영원설이나 창조 교리에 의뢰하지 않을 수 없다)　② 자연의 각 방면과 인생의 모든 경험에 반대되는 빈약한 무신론이며 맹목적인 우연론이다　③ 생명과 인격, 지성과 자유의지를 설명하지 못한다　④ 자연발생의 개념은 증명되지 못한 순가설(純假說)일 뿐이다.

제11과   하나님의 섭리(攝理)

① 그의 능력의 말씀으로   ② 일반섭리(나타난 일)/특별섭리(오묘한 일)   ③ 합력하여 선을 이루는 것(모든 피조물의 안전과 행복)   ④ 주 여호와 하나님   ⑤ 여호와 하나님/큰 구원으로 이스라엘 생명을 보존함/이스라엘 백성의 후손을 세상에 두시려고 요셉을 앞서 애굽에 보내신 것임   ⑥ 하나님께 대한 기도 응답으로써   ⑦ 죽었던 나사로를 무덤에서부터 다시 살리셨다.

◆ 적용
A. ① 택한 백성을 연단시켜 인내를 가르치기도 하며 타락한 감정을 교정시켜 주기도 하고 방종을 억제하며 자기를 부인하게 하고 영적인 잠에서 각성시켜 기도하게 하신다   ② 교만한 자를 꺼구러뜨리기도 하며 불경건한 자의 계략을 분쇄하기도 하여 그들의 모든 계획을 좌절시키기도 하신다 B. 하나님께서 우리 인생에게 형통(성공)과 곤고(실패)를 번갈아 주시기 때문이다(희비의 쌍곡선).

제12과   인간의 구조

①사람은 신체(body)와 영혼(soul)으로 이루어져 있다. 인간(man)＝육(flesh)＋영(spirit)＝혼(soul)   ②영(Spirit)은 하나님, 육(flesh)은 흙이다   ③ 인생의 호흡은 그 코에 있는데 그 호흡이 끊어지면 즉시 흙으로 다시 돌아가기 때문이다(연약한 존재)   ④ 너는 흙이니 흙으로 돌아갈 것이니라   ⑤ 영은 하나님, 육은 흙으로부터 유래되었다   ⑥ 각 사람의 영혼은 다 하나님께서 직접 창조하셨기 때문이다   ⑦ 이원론에 근거한 견해이다   ⑧ ③

◆ 적용
영과 혼은 인간의 한 영적 요소를 두 가지 다른 견지에서 사용한 용어이다. 즉, 영과 혼은 별개의 것이 아니라 하나이다. 영은 생명과 행위의 원리로서 육체를 지배하며, 혼은 인격의 주체로서 생각하고 느끼고 결정하며 정서(애정)의 좌소가 되기도 한다(시 62：1, 63：1, 103：1-2).

제13과   하나님의 형상

① 하나님의 형상과 모양대로/하나님을 닮도록 창조되었다는 뜻   ② 참된 지식, 의로움, 거룩함에 있어서 하나님을 닮았다는 의미이다   ③ 매우 좋게, 정직하게 지음받았다   ④ 하나님의 형상을 지니고 있다   ⑤ 원의 즉, 참된 지식, 의로움, 거룩함   ⑥ 모든 하등 피조물을 다스리도록 지음받았다   ⑦ 그리스도 안에서 구속받은 신자들

◆ 적용
예수 그리스도는 하나님의 모습을 완전히 반영하는 본질적인 인간의 원형이시다(히 1：3). 그러므로 인간은 하나님의 형상이신 예수 그리스도를 반드시 본받아야 한다. 곧 그의 성품, 인격, 행실, 생활 등을 닮아야 한다

제14과   행위언약

① 동산 각종 나무의 실과는 네가 임의로 먹을 수 있다(긍정 명령)/그러나 선악을 알게 하는 나무의 실과는 먹지 말라(부정 명령)/그대로 순종하면 영생하고 불순종하는 날에는 정녕 죽을 것이다(약속과 형벌)   ② 여호와 하나님을 사랑하고 그 모든 말씀과 계명에 순종해야 한다   ③ 삼위일체 하나님과 인류의 대표 아담/영원한 생명, 절대적 순종   ④ 영원한 사망/생명나무   ⑤ 영생을 얻

게 하시려 함이었다 ⑥ 아니다. 도리어 어겼다(불순종).

◆ 적용

이대로 행하는 자는 살고(레 18 : 5), 범죄하는 그 영혼은 죽을지라(겔 18 : 20)고 한 것은 아직도 영원불변한 진리이다. 즉, 율법을 지켜 영생을 얻는다는 행위언약의 기본 원리(구원의 기본 원리)는 변치 않고 영구히 남아있다. 그러나 그것은 구원의 실제적인 방법이 아니라는 것이다

제15과　　죄의 기원, 전가, 본질

① 교만 죄　② 인간으로 하여금 범죄케 하려는 데 있다　③ 육신의 정욕(먹음직)/안목의 정욕(보암직)/이생의 자랑(지혜롭게 할 만큼 탐스러운 것)　④ 불순종　⑤ 한 사람 아담의 범죄로 인하여(죄의 전가)　⑥ 사람의 마음　⑦ 하나님과 그의 뜻(율법 위반)

◆ 적용

① 하나님께는 불의(不義)가 없고 피조물은 창조주의 하는 일을 힐문(詰問)할 수 없다(롬 9 : 14, 20)　② 하나님은 언제나 정당하시다. 하나님은 선한 목적을 위하여 악을 허용하신 것이다(롬 9 : 22). 특별 참조 성구 '당신들은 나를 해하려 하였으나 하나님은 그것을 선으로 바꾸사 오늘과 같이 만민의 생명을 구원하게 하시려 하셨나니'(창 50 : 20).

제16과　　죄의 구별, 내용, 형벌

① 죄의 신분과 상태로 태어나는 것　② 사람의 마음　③ 영적으로 선한 것을 행할 재능이 전혀 없다는 뜻이다　④ 하나님의 뜻을 알고도 범하는 죄　⑤ 숨은 허물을 깨닫고 즉시 거기서 벗어나야 한다/고범죄(고의적인 범죄)는 짓지도 말아야 한다　⑥ 성령훼방죄(참람죄)-의식적, 악의적, 고의적으로 성령의 증언을 거절하며 비방하는 죄(막 3 : 28-30)　⑦ 사망(死亡)/전인(全人-whole man)의 죽음을 뜻한다. 즉, 육체적, 영적, 영원한 사망을 다 포함하고 있다.

◆ 적용

징계는 죄인을 개선하려는 사랑의 동기를 가진 것이지만 형벌은 죄책 때문에 보상을 요구하는 공의를 만족시키는 일이다. 전자는 긍휼과 선의 지팡이요 후자는 노와 분의 지팡이인 것이다. 하나님은 자기 백성을 사랑하시며 징계하시고(욥 5 : 17, 히 12 : 5-8), 동시에 행악자들을 미워하시며 형벌하신다(시 5 : 5, 롬 1 : 18, 살후 1 : 6, 히 10 : 26-27).

제17과　　은혜언약

① 그렇다　② 복음(예수 그리스도)을 믿는 것뿐이다　③ 성부 하나님과 택함 받은 죄인들/'나는 너희의 하나님이 되고 너희는 내 백성이 되리라'　④ 예수 그리스도를 믿는 것/영생　⑤ 하나님의 아들 예수 그리스도　⑥ 믿음으로 말미암은 자들(복음의 신봉자)　⑦ 신자들(성인)뿐만 아니라 그의 자녀들에게도 유효하다　⑧ 약속의 자녀-곧 그리스도와(갈 3 : 16) 그를 믿는 자들(갈 3 : 19)이다

◆ 적용

A. ① 첫 언약(행위언약) 때에 범한 죄를 속하려고　② 부르심을 입은 자가 영원한 기업의 약속(영생-천국의 상속)을 얻게 되는 것이다　B. 모든 택함받은 자들/새 예루살렘이 하나님께로부터 내려오고 하나님의 장막이 인간 사이에

세워질 때 (그리스도의 재림시)

제18과   구속언약

① 성부가 자기에게 주신 사람들만을 구원하는 일이다(전 피택자의 구원)   ②
구속의 창시자(創始者)/구속의 집행자(執行者) / 구속의 적용자(適用者)   ③
삼위일체 대표 성부와 하나님의 백성 대표 성자 사이에 맺은 영원한 협정이다
④ 예수 그리스도, 보증인이란 다른 사람의 법적 의무를 자신이 책임지는 인물
이다. 즉, 그리스도는 범죄한 인간의 자리를 대신 취하사 그 형벌을 받으셨다
⑤ 율법 아래 있는 자들을 속량하시고 우리로 아들의 명분을 얻게 하시기 위함
이다 ⑥ 예수 그리스도를 지극히 높이시는 일 (승귀-昇貴)/그의 백성에게 영
생을 부여하시는 일
◆ 적용
① 선택은 그리스도 안에서 영원한 영광의 후사가 될 사람들을 뽑은 일이요,
구속의 의논은 죄인을 위한 은혜와 영광을 준비하는 방식에 대한 것이었다
② 구속언약은 은혜언약의 영원한 기초요, 그 원형(原型)이다. 그러나 그리스
도 자신에게 있어서는 그것은 오히려 행위언약이라 하겠다-충실한 순종에 대
한 보상이기에 ③ 성례들은 그리스도에게 있어서 속죄(구속)언약의 표와 인
호였다 ④ 구속언약은 영원부터 있는 것이요, 은혜언약은 시간 안에 있는 것
이다. 즉, 구속언약은 영원 전의 계획이고 은혜언약은 그것의 성취라고 할 수
가 있다(구속언약은 은혜언약의 견고한 기초).

제19과   그리스도의 명칭

① 여호수아/여호와는 구원이시다 ② 자기 백성을 저희 죄에서 구원할 자 (He
that shall save his people from their sins) ③ 기름부음(성령)을 받은 자 ④
그리스도께서 만왕의 왕, 대제사장, 선지자의 3가지 직무를 수행하시는 분이심
을 보여준다 ⑤ 인자(人子) ⑥ 단 7 : 13의 언급/장차 그리스도께서 영광가운
데 하늘 구름을 타고 다시 오실 것을 보여주는 명칭이다 ⑦ 그의 탄생이 성령
의 능력에 의한 것이기 때문이다(초자연적인 탄생) ⑧ 하나님과 동등하신 분
(신성)/메시야(하나님의 후사, 대표자) ⑨ 주여(主-존칭어) ⑩ 교회의 주인
(소유주), 통치자/하나님과 동일하신 분
◆ 적용
주여(主)

제20과   그리스도의 성품-신성과 인성

① 창세 전 곧 영원 전부터 계신 분 ② 하나님과 동등하신 분이라는 뜻이다
③ 참된 자 곧 참 하나님 ④ 사람인 나를, 인자(人子)가 ⑤ 물질적인 육신/
이성있는 영혼을 모두 가지셨기 때문이다 ⑥ 죄가 전혀 없으신 분(완전 무죄
하신 인간-의인) ⑦ 신성(완전한 하나님-God)/인성(완전한 사람-man) ⑧
한 인격 안에 두 가지 구별된 성품(신성과 인성)을 가지고 계시다는 의미이다.
◆ 적용
① 인류를 구속하기 위해서(무흠한 인간-의인) ② 하나님의 공의를 충족시키
기 위해서(진노와 저주 담당-참 하나님)

제21과　그리스도의 신분-비하(卑下)

① 성령으로 말미암은 동정녀 탄생인 점　② 인류의 구속(죄인 대신 죽으심)
③ 우리 죄악과 허물 때문이었다(대속)　④ 우리를 하나님 앞으로 인도하시기
위함이다　⑤ 십자가 형벌의 죽음　⑥ 율법의 저주에서 우리를 속량(구속)하시
기 위함이다　⑦ 사망의 확인(요 19 : 33-34)/매장의 허가(눅 23 : 50-56)　⑧
썩음을 당치 않았다(부활).
◆ 적용
A. ① 고난받는 자들을 능히 도우신다　② 자기를 순종하는 모든 자(믿는 우
리)에게 영원한 구원의 근원이 되신다　B. 무덤(죽음)의 공포를 완전히 제거케
하셨다.

제22과　그리스도의 신분-승귀(昇貴)

① 그리스도의 육체적 부활　② 신령한 몸(영화체) 즉, 성령의 지배를 항상 받
는 몸, 장차 천국의 환경에서 살기에 합당한 몸이다　③ 감람산이다　④ 대제
사장 업무 지속(완전한 제사)/처소 예비(장소 준비)/신자들의 승천 예고　⑤
하나님 보좌 오른편에 앉아 계신다　⑥ 우리를 위해 항상 중보기도하고 계신다
⑦ 성도들의 구원/전 인류의 심판　⑧ 유형적으로 즉, 볼 수 있게 다시 오신
다.
◆ 적용
그리스도의 높아지심은 사흘 만에 죽은 자 가운데서 다시 살아나신 것과 하늘
로 올라가신 것과 하나님 아버지의 우편에 앉아계신 것과 마지막 날에 세상을
심판하러 오시는 것이다. 즉, 그리스도의 승귀의 네 단계는 부활, 승천, 재위
(在位), 재림이다.

제23과　그리스도의 선지직(先知職)

① 하나님의 말씀을 받아 대언하는 자　② 아니다. 신·구약 성경말씀(율법과
복음)도 포함된다　③ 자기 마음에서 나는 대로 예언한다. 즉, 하나님의 말씀
이나 명령을 받지 못했다　④ 하나님의 뜻을 알려주는 일이다　⑤ 하나님 아버
지　⑥ 신자 안에 계신 성령의 역사로(복음 전도의 능력으로)
◆ 적용
A. 하나님의 말씀과 성령으로 말미암아　B. 하나님의 성령은 반드시 말씀 안에
서 말씀과 더불어, 말씀에 의하여 역사하신다(행 10 : 44, 요 3 : 34).

제24과　그리스도의 제사직(祭司職)

① 아니다. 반드시 하나님의 부르심을 입은 자라야만 한다(제사장 직분은 하나
님의 선물, 은사이다-민 18 : 7 참조)　② 율법을 가르치는 일과 백성을 축복하
는 일이다/제사드리는 것과 중재(仲裁) 곧 중보기도이다　③ 유월절 양 예수
그리스도　④ 우리를 하나님 앞으로 인도하려 하심이다(제사장의 임무)　⑤ 의
로우신 예수 그리스도(보혜사)　⑥ 모든 택함받은 자들만을 위하여 대언하신
다.
◆ 적용
A. ① 백성들의 죄를 구속(제사사역-희생)　② 우리를 하나님 앞으로 인도(대
언사역-중재사역(기도))　B. 하나님은 갈보리의 희생을 통해서 죄인들을 다루

신다. 즉, 그리스도인의 배후에는 언제나 그리스도와 그의 중보기도가 있다. 그가 매일 승리의 삶을 살든지 혹은 죄 때문에 패배를 맛보든지 간에(눅 21 : 31-32, 롬 8 : 37) 우리를 위하여 이루신 구속의 은혜는 항상 하나님 앞에 있는 것이다. 그러므로 그리스도를 변함없이 의지하는 자에게는 넉넉히 이기는 승리가 보장된다.

제25과   그리스도의 왕직(王職)

① 이 세상에 속하지 않았다/그리스도의 영적 왕권은 그의 백성(교회)에 대한 통치이기 때문이다 ② 그리스도인의 심령 속에 있다/그리스도의 재림시에 완성된다 ③ 영원 무궁토록 ④ 만주의 주(절대 주권자)/만왕의 왕(통치자) ⑤ 그리스도의 발 아래 복종케 된다 ⑥ 원수들이 정복되고 사망이 완전히 폐지될 때이다

◆ 적용

은혜의 왕국 혹은 나라는 죄인들이 복음전도와 성령의 역사를 통하여 지금(현재) 들어가는 영역이다. 그러나 영광의 왕국 혹은 나라는 그리스도의 재림시에 실현될 하나님의 나라를 말한다. 이 세상에서 은혜의 나라에 들어가야만 마지막 영광의 나라에 들어갈 자격을 보장받는다.

제26과   그리스도의 속죄

① 하나님의 기쁘신 뜻에 있다 ② 하나님의 공의의 실현(형벌)/하나님의 사랑의 표현(구원) ③ 그리스도로 말미암아(십자가의 피) ④ 예수 그리스도(대리자) ⑤ 죄의 형벌지불(의미), 저주제거(결과) ⑥ 율법의 준수(의미), 영생 확보(결과) ⑦ 자기의 택한 백성들을 위하여(피택자) ⑧ 우리 옛 사람이 그리스도와 함께 죽고 그와 함께 새 사람으로 살게끔 한다(새 생명 가운데 행하게 된다).

◆ 적용

① 성경에서 모든(all)이란 말은 제한된 의미를 가지고 '한 특수 반열의 전수'를 지시하기도 하고(롬 5 : 18, 고전 15 : 22)여러 종류의 반열들을 가리키기도 한다(딛 2 : 11) ② 그리고 딤전 2 : 4-6, 히 2 : 9 등에서 '모든 사람'은 유대인과 이방인이 아울러 구원의 대상이라는 의미이다.

제27과   소 명(召命)

① 복음 전도(기성신자의 전도) ② 전혀 없다. 유대인과 이방인, 선인과 악인, 빈부귀천, 유무식을 막론하고 심지어는 버림받은 자들까지도 부르신다(보편적 혹은 일반적인 소명) ③ 예수 그리스도(십자가와 부활) ④ 회개와 믿음(막 1 : 15 참조) ⑤ 구원(영생)과 멸망(지옥) ⑥ 미리 정하신 자들 ⑦ 작정된 자들(피택자들) ⑧ 결코 후회하심이 없다(변경하거나 취소하지 않는다) ⑨ 복음의 말씀(전도)/성령의 역사(감화)

◆ 적용

A. 하나님을 공경하는 루디아라 하는 여자가 들었는데(외적 부르심), 주께서 그 마음을 열어(거듭남) 바울의 말을 청종하게 한지라(내적 부르심) B. ① 믿음, 덕, 지식, 절제, 인내, 경건, 형제우애, 사랑의 그리스도인 미덕을 항상 쌓는 생활-아름다운 신앙인격과 행실, 건덕을 기르는 일이다. ② 언제든지 실족치 아니하고/그리스도의 영원한 나라(하나님 나라)에 넉넉히(abundantly)

들어갈 수 있게 되는 것이다.

제28과 　중　생(重生)

① 거듭난다 혹은 다시 태어난다 　② 물과 성령으로 거듭난 자 　③ 하나님의 씨(생명) 　④ 절대로 알 수 없다 　⑤ 중생은 순간적, 급작스런 변화임에 반하여 성화는 전생애에 걸친 점진적인 변화이다 　⑥ 전혀 알 수 없다. 오직 중생인(성령의 사람)만이 알 수 있을 뿐이다 　⑦ 정화(물로 남)와 갱신(성령으로 남) 　⑧ 중생의 씻음(정화)과 성령의 새롭게 하심(갱신) 　⑨ 진리(복음)의 말씀/성령의 역사

◆ 적용

A. 죄 가운데 살 수 없다. 즉, 죄를 지속적으로, 습관적으로 지을 수 없다 B. 성령의 내주(內住)와 지도를 받고 살아나가야 한다.

제29과 　회　심(回心)

① 회개(하나님께)/신앙(그리스도에게) 　② 후회없는 구원에 이르게 해준다 　③ 므낫세(대하 32 : 12-13), 삭개오(눅 19 : 8-9), 사마리아 여자(요 4 : 29, 39), 구스 내시(행 8 : 3), 바울(행 9 : 5), 루디아(행 16 : 14) 등 　④ 자신의 죄를 깊이 깨닫는 것이다 　⑤ 모든 죄악과 가증한 일을 인하여 한탄하고 스스로 밉게 여기는 것이다 　⑥ 모든 죄에서 돌아서는 것이다(방향전환)/아버지께로 돌아가는 탕자/회개하는 강도 　⑦ 전혀 불가능하다. 회개만이 속죄함과 용서함의 비결일 뿐이다 　⑧ 널리 용서하시고 다시는 그 죄를 기억하시지도 아니하신다.

◆ 적용

A. 거짓을 버리고 오직 진실만을 말한다. 제 손으로 수고하여 빈궁한 자를 구제한다 B. 항상 죄와 허물을 깨달아 그 즉시 하나님께 고백하고 경건한 생활에 힘써야만 한다.

제30과 　신　앙(信仰)

① 복음 그리고 하나님의 약속을 신뢰하는 것이다 　② 영혼 구원(구령) 　③ 하나님의 말씀 청취/성령의 은사로 말미암아 　④ 아니다. 신앙은 지식과 하나가 되어져야 한다(일치 조화) 　⑤ 듣는 자가 믿음으로 받아들이지 않기때문이다(즉, 찬동의 결여 때문임) 　⑥ 행함(의지적인 요소) 　⑦ 가능하다/예수님을 영접하는 것/하나님의 약속을 믿는 것/성령의 내재, 증거하심을 힘입는 것 등이다 　⑧ 하나님과 그의 약속을 확실히 믿고 의지하는 것을 말한다(신앙의 본질).

◆ 적용

① 하나님과 그의 약속을 굳게 신뢰하는 것 　② 공적, 사적으로 범죄하지 않는 것 　③ 기도, 전도, 봉사, 헌신생활에 힘쓰는 것

제31과 　칭　의(稱義)

① 율법의 모든 계명들을 항상 준행하는 자이다 　② 불가능하다/예수 그리스도를 믿는 것이다 　③ 하나님 아버지 　④ 전혀 죄가 없다(의인)/하나님께서 우리 모든 죄를 그리스도에게 옮기셨다(죄의 전가) 　⑤ 하나님의 의(예수 그리스도

의 의)/그리스도를 믿음으로 말미암아 ⑥ 예수 그리스도의 피(십자가 죽으심)
◆ 적용
A. 아니다. 칭의의 비결은 신·구약이 언제나 동일하다. 즉, 그리스도를 믿는
것 뿐이다 B. ① 자기의 의로우심을 나타내려 하심이다(공의의 실현) ② 예
수 믿는 자들을 의롭다 하려 하심이다(사랑의 표현).

제32과　양　자(養子)

① '아들로 세운다'는 뜻이다 ② 세상 사람을 하나님 자신의 가족으로 옮기는
행위이다(사단의 자녀→하나님의 자녀) ③ 과거에는 어두움이었으나 이제는
주 안에서 빛이 되었다 ④ 예수 그리스도를 믿음으로 영접하는 것 ⑤ 하나님
의 극진하신 사랑하심 때문이다 ⑥ 그 아들의 영(성령)을 우리 마음 가운데 보
내주신다 ⑦ 성령이 친히 우리 영으로 더불어(with)/우리 몸의 구속 곧 부활
때이다 ⑧ 지금도 여전히 틀림없는 하나님의 자녀이다 ⑨ 예수 그리스도를
믿는 자들의 하나님이요, 그 아버지이시다(양자).
◆ 적용
A. 아니다. 다만 예수 그리스도를 믿는 사람들만이 하나님의 자녀요 양자이다
B. 우리 안에(내 심령 속에) 계신 성령의 내재(Dwell)와 증거로 말미암아

제33과　성　화(聖化)

① 하나님 아버지께서 거룩하시기 때문이다(신자는 그의 자녀이므로) ② 지·
정·의 전 인격이 하나님의 형상을 따라 날마다 새로와지는 것 ③ 옛 사람의
억제(금욕)-죄에 대하여 점점 죽는 것(오염 부패제거)/새 사람의 태동(갱신)
-의에 대하여 점점 사는 것 ④ 성령으로 말미암은 하나님의 사역/악마와 유혹
에 끊임없이 대항하여 싸우는 태도가 절실히 요청되고 있다 ⑤ 그리스도의 재
림시(신자의 죽음 직후나 부활시이다) ⑥ 하나님의 말씀/성령님의 역사하심
◆ 적용
A. 우리를 창조하신 자의 형상을 좇아 새 사람으로 변화되었기 때문이다 B.
주의 재림을 기다리고 바라보는 사람(주를 향하여 소망을 가진 자)/우리 몸을
하나님께 드려(헌신) 의의 병기나 종이 되는 것이다(봉사생활).

제34과　견　인(堅忍)

① 하나님의 오래 참으심 ② 끝까지 견디는 자(견인) ③ 주께서 하나님을 경
외하고 사랑하는 마음을 우리에게 주셨기 때문이다 ④ 우리 마음속에 계신 성
령님이 그 보증이 되신다 ⑤ 예수 그리스도의 중보기도(대도) ⑥ 하나님의 부
르심(소명)과 택하심(선택)을 굳게 하는 것이다 ⑦ 그리스도의 중보기도와 그
혜택 때문이었다 ⑧ 사람 마음속의 욕심/마귀의 유혹과 시험/감당치 못할 시
험당함을 절대로 허락치 아니하신다
◆ 적용
A. 하나님의 선택하심, 그리스도의 중보사역, 성령의 내주(內住), 은혜언약의
본질에 달려 있다 B. 어떤 신자들은 그 남아있는 부패성과 사단의 강렬한 유
혹으로 인해 죄에 빠져서 은혜를 어느 정도(some) 상실케 된다. 그러나 그들
은 전적으로(100%) 궁극적으로 은혜에서 타락할 수 없다(벧전 1:5, 빌 1:
6). 실제적으로 배교하여 완전히 타락한 사람은 원래부터(처음부터) 참 신자
가 아니었던 자들일 뿐이다(요일 2:18-19).

제35과   영   화(榮化)

① 영화 ② 성화의 완성(영혼)과 신체의 완전 구속(부활) ③ 예수 그리스도의 재림시에/그리스도의 영광스러운 몸처럼 변화된다(부활체-영화체) ④ 성화의 완성을 위한 방편이다 ⑤ 온전케 된 의인의 영들 ⑥ 죄와 상관없이(without sin) 자기를 바라는 자(사죄의 은총을 받고 재림을 소망하는 자) ⑦ 하나님의 자녀들이 영광의 자유에 이르게 되는 것이다.

◆ 적용

A. 하나님의 아들 예수 그리스도의 형상을 본받게 하기 위해서였다(영화) B. ① 죽을 때에(히 12 : 23)-개인에 따라 그 시기가 각각 다르다 ② 부활시에(롬 8 : 23, 빌 3 : 21)-그리스도의 재림시에 모든 성도가 동시에 경험케 될 것이다.

제36과   교회의 정의, 본질, 구별

① 헬라어 퀴리아케($\kappa \upsilon \rho \iota \alpha \kappa \hat{\eta}$)/'주의 것' '주께 속한다' ② 하나님 자신의 소유이다/자기 피로 사셨기 때문이다(구속) ③ 하나님의 부름받은 자들이 함께 모인 구원의 공동체이다 ④ 예수 그리스도 ⑤ 교회는 그리스도의 몸이요, 성도들은 그 지체의 각 부분이다 ⑥ 성도들 상호간에 갖는 내적이고도 영적인 교통(교제)에 있다 ⑦ 절대로 없다. 교회의 머리이신 그리스도만이 전 인류의 구세주이시기 때문이다 ⑧ a-② b-① ⑨ 교회 명부에 등록된 모든 사람들이다/성령으로 거듭난 사람들 즉, 모든 택함받은 자들이다(요 3 : 3, 5).

◆ 적용

예수 그리스도께서는 구원받은 사람들이 교회에 연합할 것을 요구하실 뿐만 아니라 그 자신이 친히 그들을 교회와 연결시켜 주신다(행 2 : 47). 즉, 교회의 회원이 되는 것은 구원의 선행조건이 아니라 구원의 필연적인 결과이다. 그러므로 보이는 교회(유형교회) 밖에는 통상적으로 구원의 가능성이 전혀 없다(웨스트민스터 신앙고백 제25 : 2)

제37과   교회의 속성과 3대 표지

① 모든 신자들이 그리스도 안에서 한 몸이 되었기 때문이다 ② 영육간에 항상 거룩한 생활을 유지(영위)해야만 한다 ③ 있을 수 없다. 모든 신자들은 빈부귀천, 유·무식, 인종이나 국가를 막론하고 그리스도 안에서 하나이다(보편성). ④ 오직 순전함으로(of sincerity) 전파한다(순수한 전달) ⑤ 하나님의 말씀의 청종여하에 따라 ⑥ 하나님의 말씀 전파 ⑦ 그리스도(복음)께 대한 신앙의 소유자여야 한다.

◆ 적용

A. 기본적으로 보이지 않는 교회, 유기체 교회의 속성이다/주로 보이는 교회, 조직체 교회의 특성이다 B. ① 온유와 사랑으로써 ② 범죄한 자를 교정하여 얻는 것

제38과   교회의 정체

① 예수 그리스도 ② 말씀과 성령으로 ③ 성도를 온전케, 봉사의 일을 하게, 그리스도의 몸을 세우려 하심이다 ④ 하나님의 부르심(내적 소명)/교회의 매개를 통한 부르심(외적인 소명) ⑤ 목사와 장로들이다.

◆ 적용
A. 신앙과 행위에 대한 제반 문제들을 의논하고 결정하기 위해서이다(교회통치) B. 작정된 규례나 결정사항은 성경에 어긋나지 않는 한 그대로 지켜져야만 한다.

제39과　　교회의 권세

① 사람들을 입교시키거나 출교시키는 권위(천국의 열쇠-복음전파와 책벌)　② 교회안의 신자들에게만　③ 하나님의 말씀과 일치하게/성령의 인도를 따라/그리스도의 이름으로 행사한다　④ 하나님의 말씀 전파와 교육　⑤ 화평의 하나님(질서의 하나님)/모든 일을 적당하게 하고 질서대로 한다　⑥ 그리스도 교회의 성결유지　⑦ 그리스도를 믿는 신앙/의인의 간구(믿음의 기도)　⑧ 교회내의 믿음의 가정들에게
◆ 적용
A. 교회 입교 및 출교의 권위, 천국 입국 및 금지의 권위 등을 상징한다　B. 교리권은 그리스도의 선지직, 치리권은 왕직, 사역권은 제사직의 반영이다

제40과　　교회의 임무

① 하나님 아버지　② 예수 그리스도　③ 신령과 진리로(in Spirit & in Truth)　④ 덕을 세우는 것이다(아름다운 행실과 선한 성품 등으로 다른 사람의 유익을 도모하는 행위)　⑤ 공적인 예배시/성도 상호간의 교제(친교)/교회 봉사 및 헌신생활　⑥ 사람들의 유익과 하나님의 영광을 위하여 스스로 자기를 희생하는 것이다(사랑의 종노릇)　⑦ 성경에 나타난 하나님의 뜻을 다 전하는 것이다(일관성, 통일성)　⑧ 예수 그리스도의 사랑　⑨ 절대 주권자 그리스도의 함께 하심(성령님의 역사) (롬 15 : 18 참조)
◆ 적용
① 하나님께 예배드리는 것　② 신·구약 성경을 가르치는 것　③ 복음을 전파하는 것　④ 친교 및 봉사

제41과　　은혜의 방편-하나님의 말씀

① 하나님 말씀의 전파(성경공부, 설교, 복음 전도 등)　② 신·구약 성경말씀　③ 복음전도를 통하여　④ 하나님의 말씀(행 10 : 44)　⑤ 성령님의 역사하심이 뒤따라야 한다　⑥ 성령님은 하나님의 말씀을 그의 도구로 사용하시어서 죄인들에게 그리스도의 구속사역을 효과적으로 적용하신다　⑦ 우리의 모든 죄를 깨닫게 하여 구세주 예수 그리스도께 인도하려는 데 있다　⑧ 예수 그리스도를 믿게끔 하는 것이다.
◆ 적용
A. ① 믿음으로 마음 속에 받아들이며　② 날마다 성경말씀을 상고(공부)하고　③ 생활에 그대로 적용(실천)해야 한다　B. 아니다. 구약의 의식적인 율법에도 복음이 있고, 많은 선지서에도 복음이 있다(사 53장, 렘 31 : 33-34, 겔 36 : 25-28). 즉, 복음의 조류(潮流)가 구약성경 전체에 흐르고 있는 것이다. 그러므로 신약은 복음이요, 구약은 율법이라고 주장하는 것(세대주의자들의 이론)은 비성경적인 그릇된 견해이다.

제42과　　성　례

① 예수 그리스도　② 하나님의 말씀 전파　③ 하나님께 신앙과 순종으로 응한다　④ 물/떡과 포도즙　⑤ 죄의 제거와 마음의 변화/죄의 씻음과 영적 갱신　⑥ 의식에 있지 않고 신령에 있다. 즉, 그리스도의 축복하심과 성령의 역사하심에 전적으로 의존한다　⑦ 신약시대의 세례와 같다/구약시대의 유월절과 같다　⑧ 두 가지/세례와 성찬

◆ 적용

구약의 성례는 할례와 유월절이다. 그리고 이 두 가지 성례는 똑같이 유혈(流血) 성례였다. 그러나 신약의 성례인 세례와 성찬은 다 무혈(無血) 성례이다. 그 이유는 그리스도께서 십자가 위에서 완전한 희생을 하셨기 때문에 그리스도 이후에는 더 이상 피흘리는 제사가 필요치 않게 되었기 때문이다(구약의 성례는 이제 신약의 성례로 대치되었다).

제43과　　세　례(洗禮)

① 성부와 성자와 성령의 이름으로　② 예수 그리스도와의 영적인 연합(그의 죽음과 부활에 동참하는 것)　③ 그리스도의 피(정화)　④ 죄의 씻음과 영적 갱신　⑤ 물에 담그는 것/물을 붓는 것/물을 뿌리는 것 등이다　⑥ 합법적으로 부르심을 받은 목사　⑦ 예배시 신자의 공중집회에서　⑧ 그리스도를 믿고 그에게 복종하겠다는 고백을 하는 자(성인)와 그의 자녀들(영아나 유아)

◆ 적용

A. 예수 그리스도와의 영적인 연합이다(그의 죽음과 부활에 동참하는 것)　B. ① 은혜언약(창 17:7-8, 골 2:11-12)　② 막 10:14, 행 2:38-39, 고전 7:14　③ 행 16:15, 33, 고전 1:16

제44과　　성　찬

① 우리 주 예수 그리스도　② 그리스도의 몸/그리스도의 피　③ 주님의 죽으심을 오실 때까지 전파하는 것(복음 전도와 선교)　④ 그리스도의 몸과 피에 참여하는 것(영적인 연합)　⑤ 그리스도의 몸과 피가 우리를 영생하도록 먹이고(양육) 자라게(성장) 해준다는 뜻이다　⑥ 스스로 자기를 잘 살핀다(자아성찰)/주님의 몸과 피를 분별한다(십자가 공로 묵상)　⑦ 믿을 만한 신앙고백을 하는 자/성찬의 의미를 깨달은 자/주의 계명에 순종하는 자 등이다

◆ 적용

① 죄에 대한 철저한 회개와 고백(항상 은혜의 상태 유지)　② 간절한 기도와 십자가에 대한 깊은 명상

제45과　　육체적 죽음

① 절대로 없다　② 사람의 영혼과 육체가 서로 분리되는 것이다　③ 하나님께 죄를 지었기 때문이다(형벌)　④ 사단(마귀)　⑤ 장차 닥칠 진노, 저주, 화를 면케 하고 편히 쉬게 하시려는 하나님의 특별 배려(관심) 때문이다/수고를 그치고 쉬며 그 행한 일에 대한 보상(상급)을 받기 때문이다　⑥ 하나님의 거룩하심에 참여케 하시려는 징계의 수단, 훈련의 정점이다.

◆ 적용

A. ① 신체와 영혼의 분리(창 3:19)　② 하나님과 인간의 영혼과의 분리(겔

18 : 4, 20) ③ 하나님과 인간의 영혼과 육체 (전인-全人)와의 영원한 분리 (계 21 : 8) B. ① 슬퍼하거나 두려워하지 않는다(살전 4 : 13-14, 히 2 : 14-16) ② 언제나 죽음을 준비하며 남은 생애를 경건하고 거룩한 신앙생활로 보낸다 (히 9 : 27, 벧전 4 : 19).

제46과   영 생

① 아다나시아(죽지 아니함)-영혼의 단순한 영속/아이오니오스 조에 (영생)-신자들의 장래 복된 생의 영속 ② 하나님께만 있다 ③ 죽음의 가능성이 전혀 없는 인생의 지복 상태 ④ 에녹, 엘리야 ⑤ 육체를 떠난 영혼이 다른 세상 (내세)에서 하나님을 뵈옵겠다는 표현이다 ⑥ 예수 그리스도의 부활 ⑦ 예수 그리스도를 믿는 것 (영접)/그리스도를 통해서 주시는 하나님의 선물이다.
◆ 적용
① 내세 영생을 미리 내다보는 것은 현세에서도 큰 만족과 희락의 원천인 것이다 ② 영생의 교리는 우리가 이 세상에서 일시적인 주민 (住民)이라는 것을 경고하여 준다 ③ 각 사람에게 영생에 합당한 생활을 살도록 고무시켜 준다 (즉 현재 의무나 사역에 충실케 하고, 고귀한 성품과 신실한 삶을 영위케 한다).

제47과   중간기 상태

① 사람의 영혼이 사망과 부활 사이에 존재하는 상태나 정경 ② 천당과 지옥 ③ 천당(그리스도와 함께 있게 된다)/회개한 십자가상의 한편 강도 ④ 안식과 축복의 기간이다(행한 일에 대한 보상과 상급이 있기 때문) ⑤ 음부(지옥-영영한 불바다) ⑥ 극렬하고도 무서운 영육간의 고통이다(영영한 불못).
◆ 적용
구원의 기회나 회개의 가능성이 100% 없다. 사람의 사후상태는 그가 지상에서 몸으로 행한 것에 의해 이미 결정 (고정)되어 버렸기 때문에 도저히 변경할 수가 없는 것이다(눅 16 : 19-31, 고후 5 : 10, 6 : 2, 갈 6 : 7-8).

제48과   그리스도의 재림

① 복음의 세계적 전파/이방인의 상당한 수가 천국에 들어와야 하기 때문이다 ② 적 그리스도 ③ 천년왕국 이전, 대환난 후 ④ 하나님 아버지 ⑤ 사도행전 1 : 11, ⑥ 장차 올 자, 오실 이 (He that shall come will come) ⑦ 영원한 시대 (내세)를 소개하는 것/죽은 자의 부활, 천년왕국, 최종심판 등이다 ⑧ 부활하여 그리스도와 함께 다시 오게 된다/죽음을 보지 않고 변형된다(휴거).
◆ 적용
① 영적으로 항상 계속 깨어 있어야 한다(성령충만한 신령한 생활영위-열 처녀 비유(마 25 : 1-13)) ② 복음 전도와 하나님 나라의 봉사에 충실해야 한다 (달란트 비유-마 25 : 14-30) ③ 곤궁한 사람들에 대한 선행, 미덕, 구제 등에 주력해야 한다(양과 염소 심판의 비유-마 25 : 31-46).

제49과   천년기(千年期)

① 요한계시록 20 : 1-6 ② 최후 심판 이전에 사단이 결박되고 순교한 성도들과 진정한 성도들이 장차 그리스도와 함께 지상에서 천년동안 다스린다는 견해이다 ③ 예수의 증거, 하나님의 말씀을 인하여 목 베임을 받은 자 (순교자)/짐

승과 그의 우상에 경배치 않고 그의 표도 받지 않은 자(참 신자) ④ 신체를 떠난 영혼들이 하늘에서 그리스도와 함께 영적으로 다스린다는 이론 ⑤ 그리스도 재림 이전에 복음전파와 성령의 역사로 전 세계가 기독교화된다 ⑥ 그리스도께서 재림하사 이 지상에서 천년동안 왕노릇하시고 그 이후에 신천 신지가 도래한다 ⑦ '역사적 천년기전재림론'이다

◆ 적용

① 인류 역사 시대를 7시대로 나누고 그 시대마다 구원의 방법을 달리 주장한 점이다. 즉 무죄, 양심, 인간행정, 약속, 율법, 은혜, 천년왕국 시대별로 구분하였고 양심시대에는 선행으로 구원받고, 율법시대에는 율법을 행함으로 구원받는다고 주장하였다. 그러나 신·구약 시대를 막론하고 그 어떤 시대라도 오직 그리스도를 믿음으로써만 구원받는다(갈 3 : 8, 히 4 : 2, 6) ② 주의 재림을 두 가지로 구분하고 그 사이(간격)를 7년 혹은 3년 반으로 한정하였다. 즉, 공중재림(생존 성도들의 변형, 승천-공중휴거)과 지상(그리스도께서 성도들과 함께(with) 오심)재림이 바로 그것이다. 그러나 주의 재림은 오직 단 한 번이며(행 1 : 11) 공공연한 사건이고(계 1 : 7) 대환란 이후의 일이다(마 24 : 29-31).

제50과　　죽은 자의 부활

① 그렇다 ② 예수 그리스도의 육체적 부활 ③ 의인의 부활(신자-영생)/악인의 부활(불신자-영벌) ④ 그리스도와 같은 신령한 몸(영화체) ⑤ 세계의 종말, 그리스도의 재림시 ⑥ 살아있는 성도들은 죽음을 거치지 아니하고서 즉시 신령한 몸을 입게 된다(이러한 변화를 일명 '휴거' 또는 '죽지 아니함을 입는다'라고 표현한다).

◆ 적용

① 썩지 않고 강하며 영광스러운 신령한 몸이다 ② 다시 죽을 수 없고(불사체) 천사와 동등하다.

제51과　　최종 심판

① 예수 그리스도 ② 인자(人子)됨을 인하여(즉, 성육신과 십자가 공로에 대한 당연한 보상이다) ③ 선한 천사들과/성도들이다 ④ 산 자와 죽은 자 곧 전인류 ⑤ 영영한 불바다(지옥행) ⑥ 세계 종말, 죽은 자의 부활 직후 ⑦ 그 누린 광명에 따라 즉, 그들에게 나타난 하나님의 뜻이 그 표준이다 ⑧ 현세(지상생활)에서 가진 성격(마 7 : 15-23), 사상(마5 : 28-29, 계 2 : 23), 언어(마 12 : 36), 행위(고후 5 : 10)이다 ⑨ 그리스도(복음)에 대한 태도 여하이다.

◆ 적용

A. 아무도 없다. 악인이든 선인이든 모두 하나님의 심판대 앞에 서게 될 것이다 B. 그리스도인들도 그들이 살아 있었을 동안에 부여받던 재능, 은사, 기회, 책임, 의무 등에 대하여 주님으로부터 판단을 받게 될 것이다(선에 대한 보상). 그리고 우리 각 사람이 자기 일(언행심사)을 하나님께 직접 고하게 될 것이다(죄에 대한 고백).

제52과　　최후상태

① 지옥불(영원한 불바다) ② 아니다. 신체와 영혼의 형벌장소이다 ③ 신체

와 영혼이 아울러 겪게 되는 극렬하고도 무서운 고통이다 ④ 그가 받은 광명 (빛-영적 지식)에 역행한 죄에 비례한다 ⑤ 영원하다(세세토록 당하는 형벌) ⑥ 지금(현재) 존재하고 있는 세계가 새롭게 된 것이다(현 세계의 갱신) ⑦ 천당(하나님 아버지의 집) ⑧ 영생(永生)

◆ 적용
A. ① 과거의 죄악된 생활로 인한 손해 때문에 몹시 슬퍼할 것이다 ② 지옥의 고통이 미래에 까지 계속될 것을 염려하여 실망과 슬픔에 잠길 것이다 ③ 당면한 고통(지금 겪고 있는 형벌) 때문에 세세토록 괴로워할 것이다(계 20 : 10) B. ① 끝없이 누리는 생(生)-계 22 : 1-2 ② 거룩하고 의로운 생-계 21 : 27 ③ 하나님과의 영적 교통으로 말미암은 환난이나 슬픔이 없는 평화의 생 (계 22 : 1-5) ④ 영육간에 완전무결한 삶(죽음이 없는 생명체 (부활체), 그리스도의 형상을 닮은 영화체)-고전 15 : 49, 고후 3 : 18, 요일 3 : 2 참조

❖ 참 고 서 적

1. 박형룡박사 저작전집 조직신학 전7권 (한국기독교교육연구원)
2. 기독교 신학개론 (벌코프 지음, 신복윤 역, 은성문화사)
3. 7영리 (석원태 지음, 경향문화사)
4. 신학사전 (한국개혁주의신행협회)
5. I.S.B.E. 전4권 (James Orr 편저, 1984)
6. 성서대백과 전8권 (기독지혜사)
7. 기독교강요 전4권 (요한 칼빈 지음, 김문제 역, 세종문화사)
8. 구속론 (존 머레이 지음, 하문호 역, 성광문화사)
9. 칼빈주의 예정론 (로레인 뵈트너 지음, 홍의표 편역, 보문출판사)
10. 소요리문답 강해 (윌리암슨 지음, 최덕성 역, 한국개혁주의신행협회)
11. 웨스트민스터 신앙고백서 강해 (윌리암슨 지음, 나용화 역, 한국개혁주의신행협회)
12. 장로교인들은 무엇을 믿는가 (클라크 지음, 나용화 역, 한국개혁주의신행협회)
13. 기독교 교리요약 (벌코프 지음, 박수준 역, 소망사)
14. 교회론 (벌코프 지음, 신복윤 역, 성광문화사)
15. 구약신학논고 (김희보 지음, 총신대학출판부)
16. 내세론 (헨드릭슨 지음, 오성종 역, 새순출판사)
17. 은혜계약 (헨드릭슨 지음 오창윤 역, 기독교문서선교회)
18. 누가 그리스도의 영광을 탈취했는가-성서적 교회론
    (R.B.카이퍼 지음, 이창우 역, 성광문화사)
19. 구약신학 강의 초안 I (김희보 지음)
20. 천년왕국 (로버트 지. 클라우스 편집, 권호덕 역, 성광문화사)
21. 보수신학은 어디로 가고 있는가 (박아론 지음, 총신대학출판부)
22. *Systematic Theology* (L. Berkhof, Eerdmans)
23. *N.B.D.* (J.D.Douglas 편저, Tyndale House)
24. *Baker's Dictionary of Theology* (Baker Book House)
25. *Pictorial Bible Dictionary* (Merril C. Tenney 편저, Zondervan)
26. *Redemption Accomplished and Applied* (John Murray, Eerdmans)
27. *The Glorious Body of Christ* (R.B.Kuiper, Banner of Truth Trust)
28. *English Authorized Version* (K.J., 1611)
29. *New American Standard Bible*, 1971
30. *The Inspiration and Authority of the Bible* (B.B.Warfield, P & R, Pub., Co.)
31. 이외에도 히브리어 사전, 헬라어 사전, 원어성경 (신·구약) 등이 부분적으로 참고되었다.

정 기 화

총신대학 신학대학원 졸업(77회)

저서
새신자양육교재(은혜도서)
52주 완성 소요리문답(규장)
52주 완성 웨스트민스터 신앙고백
(규장)
70주제별 성경편람(규장)
평신도를 위한 조직신학(규장)

역서
그리스도의 재림(규장)
그리스도의 초상(규장)

규·장·수·칙

1. 기도로 기획하고 기도로 제작한다.
2. 오직 그리스도의 성품을 사모하는 독자가
   원하고 필요로 하는 책만을 출판한다.
3. 한 활자 한 문장에 온 정성을 쏟는다.
4. 성실과 정확을 생명으로 삼고 일한다.
5. 긍정적이며 적극적인 신앙과 신행일치에
   의 안내자의 사명을 다한다.
6. 충고와 조언을 항상 감사로 경청한다.
7. 지상목표는 문서선교에 있다.

하나님을 사랑하는 자 곧 그 뜻대로 부르심
을 입은 자들에게는 모든 것이 **合力**하여 **善**
을 이루느니라(롬 8:28)

1989. 10. 20. 초판발행／2014. 3. 31. 36쇄발행

지은이 : 정 기 화／펴낸이 : 여 진 구／펴낸곳 : **규장**

137-893 서울시 서초구 양재2동 205번지 ☎ 578-0003 (*fax*)578-7332 등록 1978.8.14. 제1-22
E-mail : kyujang@kyujang.com(규장 홈페이지 www.kyujang.com)
ⓒ 저자와의 협약 아래 인지는 생략되었습니다.

책값 뒤표지에 있습니다.

ISBN 89-7046-601-0-91230

ecpa Member of the
Evangelical Christian
Publishers Association

규장은 문서를 통해 복음전파와 신앙교육에 주력하는
국제적 출판사들의 협의체인 복음주의출판협회
(E.C.P.A:Evangelical Christian Publishers
Association)의 출판정신에 동참하는 회원
(Associate Member)입니다.